座右のラテン語

人生に効く珠玉の名句65

ヤマザキマリ
ラテン語さん

SB新書
681

はじめに

ヤマザキマリ

40年前からイタリアで暮らし始め、今は古代ローマや古代ギリシャを舞台にした漫画を描いていますが、だからといってラテン語を専門的に勉強してきたわけではありません。自分の知識はラテン語を学んだイタリア人の夫から教わったか、または完全な独学によるものです。ですが、ラテン語と接する機会については、日本に生まれた日本人でありながら、他の人よりも多かったように思います。

家族が代々カトリックなので私も幼児洗礼を受けていますが、この時にはセシリアという古代ローマ時代に実在していた聖女の洗礼名が与えられました。教会での礼拝もラテン語が用いられていましたし、グロリア・イン・エクチェルシス・デオ（天のいと高きところには神に栄光あれ）などというラテン語の聖歌を、意味もよく分からぬまま、声高らかに歌っていました。ラテン語というものの存在については、そんなわけで子どもの頃から認識はしていましたが、そのうち自分がそのラテン語を使ったタイトルで、古代ローマを舞台にした漫画を描くことになるとは、もちろん想像もしていませんでした。

ラテン語さんがお書きになった『世界はラテン語でできている』の巻末対談のなかで、日本でも実は多くのラテン語が無意識のうちに使われている、という話題になりましたが、例えばボーナス、モニター、アルバム、オーディオ、といったラテン語は、その多くが戦前戦後、英語などの外国語経由でもたらされた言葉です。もともと英語だと思っていた外来語が、実はそのまま古代ローマ時代から存在していたラテン語だということは、なかなか知られていません。そう考えると、私の漫画の主人公のように、もし現代の世界に古代ローマ人が突如現れても、こうしたラテン語の言葉をいくつか耳にするだけで、何を喋《しゃべ》っているのかうっすら感知できたりするのではないか、などと思ってしまいます。モニターやオーディオといった言葉が聞こえれば、視覚と聴覚の何かについて喋ってるんだな、くらいは憶測がつくでしょう。イタリア語やスペイン語が話されている地域では、コミュニケーションのハードルはさらに低くなるはずです。

夫の親戚のおじさんの口癖である「Idem.」（同じく、同じ）という言葉も、日常会話のなかで今も普通に生き残っているラテン語の1つです。古代ローマ人の挨拶言葉である「Salve.《サルウェ》」も、イタリア語発音ではサルヴェとなりますが、イタリアでは誰もが日々何気なく使っている言葉です。無料を意味する「gratis」も、日記やスケジュールを意味する「agenda」も発音もそのまま引き継がれている言葉です。

そして、イタリア人たちと接していてよく耳にするのが、ラテン語の格言です。私くらいの世代ではもうそれほどではありませんが、戦前戦後あたりで生まれた人たちのなかにはこの格言を意味する「proverbio」を日常会話で用いたがる人たちが少なくありません。こういう人たちは、例えば目の前でダラダラ怠けている人を見ると「Tempus fugit!（時間は逃げていくぞ）」などと格言で説教をする傾向があったりします。

思い起こせば、14歳でひとりきりでヨーロッパを旅していた時に出会ったイタリア人の老人（この人の孫とのちに結婚）は、一ヶ月もの滞在期間があるにもかかわらず、私がフランスとドイツしか訪れていないことを知って突然腹を立て、いきなり大声で「Omnes viae Romam ducunt!」とラテン語で叫びました。びっくりして固まっている私に英語で「すべての道はローマに通ず！　忘れないようにどこかに書いて、このセンスのない旅を仕込んだ母親に見せなさい！」と言うので、慌《あわ》ててこの文言を記したのを覚えています。実はあれが自分の人生において初めての、生で耳にした「ラテン語格言」であり、実際その後の私の人生は、彼の説教が示唆した通り、ローマ時代に通ずる結果となったのでした。

イタリアを含む地中海沿岸の地域には、古代から現代に至るまでの歴史の軌跡がすべてミルフィーユのような層となった街が当たり前に存在しています。かつて暮らしたシリアのダマスカスは現存する歴史上で最も古い都市ですが、そこで暮らす人々を見ていると「ああ、古代もこんなだったんだろうな」と思うことがしばしばありました。そうした経験が、私の漫画にも自然に生かされていると思います。

こちらの本で私とラテン語さんが紹介する数々の格言もまた、そのような時代の層の上で生きる私たちに、人間の生き様や考えというのは実はどの時代も大した変化はなく、どんな苦悩や困難と向き合うことになっても挫《くじ》けずに生き延びていくための教訓として、こうした古《いにしえ》の人々による言葉が重宝し、大切に残されてきたということを感じさせるものばかりです。イタリア人が今でも時々こうしたラテン語の格言をまるで今の言葉のように口にするのは、まさにその証《あかし》と言えるでしょう。

彼氏と喧嘩《けんか》をして落ち込んでいる私に、フィレンツェ時代の老恩師が肩をとんとん叩きながら「Tempus omnia medetur.」と言って慰《なぐさ》めてくれたことがありました。時間がすべて解決するだろう、という意味ですが、今の時代にいたるまで、どれだけの人々がこの言葉で失意や悲しみから立ち上がり、そして同じような立場の人にこの言葉をかけてきたのでしょうか。格言の普遍性は圧倒的です。

格言は、いわば人間の観察記録の縮約版《しゅくやくばん》です。古代に生きた人々が残した格言を読めば、実に客観的に我々人間という生物の社会における性質を知ることができますし、人としての驕《おご》りや欺瞞《ぎまん》を自省し、慎《つつ》ましくありながらも、それでもこの世に生まれてきてよかったという幸せや喜びを感じながら、明日を生きていく糧《かて》となるはずです。

そんな格言も含めラテン語の魅力にすっかり魂を奪われたラテン語さんと、平たい顔族でありながら漫画の道をローマに繋《つな》げた私との、古の知識人たちが残してくれた珠玉《しゅぎょく》の格言をめぐるやりとりを、どうぞじっくり最後までお楽しみください。

目次

I

第1章

人生と友情

II

第2章

芸術家のエネルギー

III

第3章 恋愛指南

IV

第4章

ラテン語の表現世界

V

第5章 生き方について

VI

第6章

為政者たちのラテン語

VII

第7章

歴史の教訓

第1章 人生と友情

I

本章に登場する
座右のラテン語

dimidium《ディーミディウム》 facti《ファクティー》 qui《クィー》 coepit《コエピト》 habet《ハベト》

物事を始めた人は、その半分を達成している

ホラーティウス『書簡詩』

ira《イーラ》 furor《フロル》 brevis《ブレウィス》 est《エスト》

怒りは短い狂気である

ホラーティウス『書簡詩』

nil《ニール》 admirari《アドミラーリー》

何事にも共感しないこと

ホラーティウス『書簡詩』

aequam《アエクァム》 memento《メメントー》 rebus《レーブス》 in《イン》 arduis《アルドゥイース》 servare《セルウァーレ》 mentem《メンテム》

困難な状況において冷静を忘れるな

ホラーティウス『歌集』

aurea《アウレア》 mediocritas《メディオクリタース》

黄金の中庸

ホラーティウス『歌集』

in《イン》 medio《メディオー》 tutissimus《トゥーティッスィムス》 ibis《イービス》

中間を行くのが最も安全

オウィディウス『変身物語』

I 人生と友情

carpe《カルペ》 diem《ディエム》

一日を摘み取れ

ホラーティウス『歌集』

ridere《リーデーレ》 in《イン》 stomacho《ストマコー》

憤りの最中に笑う

キケロー『友人宛書簡集』

vivere《ウィーウェレ》 est《エスト》 cogitare《コーギターレ》

生きることは考えることである

キケロー『トゥスクルム荘対談集』

omnia《オムニア》 praeclara《プラエクラーラ》 rara《ラーラ》

すべての素晴らしきものは稀である

キケロー『友情論』

amicus《アミークス》 certus《ケルトゥス》 in《イン》 re《レー》 incerta《インケルター》 cernitur《ケルニトゥル》

確かな友情は不確かな状況で見分けられる

キケロー『友情論』（エンニウスの言葉）

激動の時代の偉人たちに学べ

ヤマザキマリ　この対談では、ラテン語というものが我々にとって実は日常的なものであること、今に通じる格言が古代ローマの時代にはすでにあって多くの人に引用されてきたこと、そういうことが話し合えればとイメージしてきました。

ラテン語さん　そうですね。古代の人の考え方と思想で現代に通じるものがたくさんあります。歴史の教科書を見るだけでは遠い存在に感じてしまうけれど、実は古代人も似通った考えを持っていたということです。

ヤマザキ　それがこの対談本のなかで一番大事なことなんじゃないでしょうか。2つの世界観の距離感を縮めるというか、時空は離れていても、人間の考え方や本質というのはそれほど変わらないということですね。ラテン語さんの本に収録された私との対談で、日常的に使われているラテン語由来の言葉ってどのくらい紹介してましたっけ。

ラテン語　エゴとかボーナス、そしてジュニア、プロパガンダ、ウイル

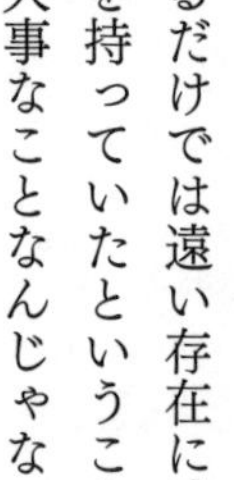

ラテン語さんの本
ラテン語さんによる初著書『世界はラテン語でできている』（SB新書）。同書の巻末にヤマザキマリとの対談が収録された。

ス、フォーカスとかそういうものが出てきましたね。

ヤマザキ　私たちは無意識のうちに日常的にラテン語を使っているということを知らない、というのがなかなか面白いという話になったんでしたよね。オーディオ、スポンサー、アドリブやアリバイなんかもラテン語ですが、そう考えると、本当に世の中にはラテン語由来の言葉が溢《あふ》れています。2000年前から同じ単語や言葉が使い続けられているというのは、ものすごいことですよ。ましてや、ラテン語が発生した地域からこんなに離れている日本でも使われてるわけですから。

　ちなみにこれがイタリアに行くと、もっともっとたくさんラテン語が聞けます。日常的に使われているラテン語だけでも、少なくとも200はあると言われていますね。

ラテン語　この対談では言葉だけでなく、思想というか物事の考え方、感じ方も古代ローマ人と現代人とで似通ったものがある、そういうことを解き明かしていきたいと思っております。

ヤマザキ　我々が事前に用意した格言リストを、対談を前に家で夫と見ながら喋っていたんですが、今回の対談で登場する格言の出典の多くが、まさにラテン語文学の黄金期の作品ばかりだということに気がつきました。それはなぜかというと、これらの格言が生まれた時代が、文学的には黄金期であっても、世情としてはまさに古代ローマ史上屈指の激動期だったからだ、と夫に指摘され、ああ確かにそうだなと思いました。ちょうど、古代ローマが共和政から帝政へと社会の姿を変えていく時期にあたりますね。

帝政が確立し、比較的戦争も少なかったパクス・ロマーナの時代は『テルマエ・ロマエ』の時代でもありますが、ルシウスのような浴場技師が凝った浴場を造るために奔走しても、平和な環境では何十世紀も語り継がれるような金言が生まれてこなかった。どの時代も人々の心に刺さるような圧倒的な説得力を持った格言というのは、不安定な社会環境のなかでなければ発芽しないものなのかもしれません。

激動の時代、予定調和のない時代に、作者たちがいろんな感情に向き合いながら紡いでいった言葉の数々。それに私たちが学べることは多い

パクス・ロマーナ ローマの平和。紀元前27年の初代皇帝アウグストゥスの即位から第16代皇帝マルクス＝アウレリウス＝アントニヌスが没する180年まで、ローマの支配下にある地中海世界に大きな混乱がなかった。

テルマエ・ロマエ 第14代皇帝ハドリアヌスが治める古代ローマ帝国を舞台にしたヤマザキマリの漫画作品。浴場技師ルシウスが現代日本へのタイムスリップを繰り返し、ローマの浴場文化を発展させる。阿部寛主演で映画化もされた。ラテン語で、ローマの温浴場の意。

と思います。

物事を始めた人は、その半分を達成している

ラテン語　まず取り上げたい格言としては、dimidium facti qui coepit habet「**物事を始めた人は、その半分を達成している**」という言葉が、ホラーティウスにあります。今は対談の始まりということで、まさに私たちは今、半分達成しているのではないでしょうか（笑）。

ヤマザキ　いいですね。漫画という作業のし始めが実はとても大変で、要するに白い原稿用紙にネームという絵コンテを描くのだけれど、それが一番大変なんです。でもたぶん私を含む多くの作家さんは、ネームを描いただけでも漫画ができたような気持ちになってるはず（笑）。漫画と限らず、やり始めが肝心《かんじん》なんだ、ということを伝えたい言葉のような気がしますね。

ラテン語　漫画の話が出たので、ちょうどお伝えしたかったことがあります。（カバンから本を取り出して）『続テルマエ・ロマエ』1巻、買わせて

ホラーティウス
古代ローマを代表する詩人。紀元前65年〜前8年。

続テルマエ・ロマエ
『テルマエ・ロマエ』の続編。前作完結時の20年後のルシウスを描く。少年ジャンプ＋で連載中。

いただきました。

ヤマザキ　ありがとうございます。

ラテン語　面白く読ませていただきました。

ヤマザキ　ラテン語さんと以前対談したこともあって、今作ではラテン語表記を多く使う展開となっています（笑）。ルシウスが日本語の発音をラテン語で解釈する場面が結構あるんですよ。

ラテン語　SEMSITV《センシツ》（泉質）とかIVNOHANA《ユノハナ》（湯の花）とか。

ヤマザキ　弘法大師はあえてQUOBODAISI《クオボーダイシ》としてみました。「弘」をQUOにする必要はないんだけれども、QUOにするとルシウスが物事を普段ラテン語で考えているローマ人であることが強調されると思い、そういうことにしてしまいました。

　収録は2巻ですが、別府のひょうたん温泉が登場する回では、ひょうたんのゆるキャラを作って出しました。「ひょこぽん」という名前。その表記もHYOQUOPONにして、QUOを使いました。もう、なんでもQUOにしちゃうという無茶振り（笑）。

弘法大師
空海。774年〜835年。平安時代の僧侶であり、真言宗の開祖。空海が温泉を発見したという言い伝えが全国に見られる。

この杖で
地面を
突くと
そこから
温泉が湧《わ》くと
言われてます
QUOBO《クオボー》
DAISI《ダイシ》…
この男が
この国の
温泉の神…!?

漫画もそうですけど、古代ローマ時代も時間に追われながら物づくりをしていた表現者はたくさんいたはず。あれだけの文化大国が象《かたど》られるその根底では、プロデューサーやパトロンと表現者の関係性が確立していたに違いありません。彫刻を作るのでも、建造物を造るのでも、デッドラインとせめぎ合いながら生きていた人たちの心情を感じさせられる格言です。

ラテン語　確かに始まりというのはプロセスの1%ぐらいにすぎないんですが、物事を始めるという決断はものすごく重要なことだと思うので、本当に始まりは全体の半分なんだなと。

ヤマザキ　個人差はあるとは思いますけど、表現したいものをたくさん溜《た》め込んでいる人は、最初の一歩でもう完成のかたちが見えてくる。レオナルド・ダ・ヴィンチは生涯で完成させられた作品がものすごく少なく、未完成作品だらけなんですけど、きっとそういうことなんだと思うんです。描き始めたとたんに完成が見えてしまうんでしょう。漫画家のなかにもそういう人は少なくないと思いますよ、実は私もそうですけど

レオナルド・ダ・ヴィンチ
ルネッサンス期イタリアの芸術家。1452年～1519年。広範な領域で活動し、ルネッサンスの目指した「万能人」の典型とされる。

（笑）。

でも、それで皆がダ・ヴィンチみたいになっちゃったら出版社はえらいことになってしまいます。始めたことで楽観しないようにしないといけないという、警鐘《けいしょう》として捉えてもいい格言だと思います。

怒りは短い狂気である

ラテン語　ホラーティウスの名言を1つ取り上げたところで、ホラーティウスについて引き続きお話しできればと思っております。というのもホラーティウスは名言の宝庫だと考えています。

先ほどの「物事を始めた人は、その半分を達成している」というのは、『書簡詩』（原題：Epistulae）という詩集の第1巻・第2歌にある言葉なんですが、その同じ歌の中にあるのが、対談前にヤマザキさんに挙げていただいた ira furor brevis est「**怒りは短い狂気である**」です。

ここでホラーティウスが言っているのは、「冷静でいろ」ということなんですね。狂気というのは避けるべきものなので、怒りはなるべく避

書簡詩
ホラーティウスの代表作。全2巻。韻文による書簡は後世に連なる伝統となった。

けようということなんですね。感情に駆《か》られている時は感情の奴隷であるが、そうでない時は人間というのは感情の支配者であると、そういう趣旨のことを言っているんですね。

私も確かに怒ることをあまりしていないというか、かなり苦手です。

ヤマザキ　そうなんですねえ。私と正反対ですよ。私は怒ってばっかり。友人にはボヤザキと言われてます。

ラテン語　怒りって結構、エネルギーを使ってしまうんです。私が呆《あき》れてしまった相手にそのエネルギーを使うのがもったいないと感じてしまうんです。

中学生の頃の担任の先生は頻繁《ひんぱん》にキレる人で、それでクラスの雰囲気がすごく悪くなっていました。自分はなんでこの人はこんなに怒るんだろうかっていうのをちょっと思っていたんですが、ヤマザキさんは結構怒るんですか？

ヤマザキ　怒るといっても声をあげたり暴れたりはしないですけどね（笑）。イタリアのような国では弁論術を身につけなければ生き残れない。

だから、カッと頭に血が上るのとはちょっと違いますけどね。

今回言葉を取り上げる偉人たちも、修辞学をやっていたりと言語化に長《た》けたわけですが、感情は言語化してなんぼっていうのが今もしっかり引き継がれている。彼らにはエネルギーを無駄遣いしているような感覚もないのだと思います。むしろ溜め込むほうが不健全。全部出すことがいいことか悪いことかは別として、そういうメンタリティが受け入れられてきた環境でDNAが受け継がれてきた人たちなんですよ。

私の周りの人もみんな、溜め込まないですぐスイッチが入って怒り出すので、こっちも怒らないと主張できないし、自分の意見を通すこともできなくなってしまう。

日本だと怒りは隠すことが美徳だという習慣のなかで育てられていますが、それでもすぐにカッとなる人はいるじゃないですか。あと怒りや愚痴をSNSに書き込む人。そういうタイプの人にとっては知っておいて損はない格言じゃないでしょうか。

怒りを抑制できない人というのはどの時代にもいるわけですよ。

ラテン語　そういう人が古代ローマではありふれていたからこそ、ホラーティウスは「ちょっとそういうのはやめたほうがいいのでは」とわざと書いたのかなとは思いますね。

ヤマザキ　特に女の人とかはかなりヒステリックだったんじゃないかと思いますね。イタリア人はちなみに男の人もみんなヒステリックですけどね。私は幸いそういう性質ではないのですが、本当に怒った時はやはり言葉で立ち向かいます。

怒りは6秒我慢したら抑制できると言われているので、実験したんですけど6秒じゃダメですね。30秒は必要。だから「怒りは短い狂気である」は、言い得て妙なんだけれど、怒りやすい人の弁解にも聞こえなくもない。

ラテン語　イタリア人が怒るというのは、何に対してですか？　お店で店員さんに怒るとかですか？

ヤマザキ　何に対してもです。テレビの画面に向かって怒ってる人とかいますよ。汚職をした政治家が画面に映し出されると「お前がイタリアをダメにする！」とか叫んでたり。街中でもしょっちゅう喧嘩《けんか》しているのを見かけますね。お前の自転車がわしの車に傷をつけた、いや俺じゃない、いやお前だ、みたいなやりとりはしょっちゅう（笑）。

イタリア人は基本的に感情に対してはまったく省エネじゃありません。運動で肉体的エネルギーを消費するように、彼らは感情面でエネルギーを使っているように見受けられます。運動不足だと走ったり泳いだりしたくなる、あの衝動が感情面でも発生するのかもしれませんね。みんなラテン語さんみたいに寛容だったら、世の中さぞかし平和になるんでしょうけどね。

だから、この言葉を見ると、古代ローマ、古代地中海世界がどれだけエネルギッシュだったかがちょっと分かりますよね。

ラテン語　そうですね。私たちは古代世界を、大理石の彫像のような、静謐《せいひつ》でただ威厳《いげん》はものすごくあるみたいなものだと想像しがちなんですが、実際のローマという大都市においてはいろいろな怒りというか感情の爆発がそこら中で見られていたのかなと。

ヤマザキ　ポンペイの遺跡の壁に残っている落書きを研究している書籍も出てますよね。

ラテン語　はい、結構あからさまな内容の落書きもたくさんあります。

ヤマザキ　だいたい怒りの落書きが多いです。誰々に金貸したのに返してくれないとか。かつてあの落書きについて問われた時に、要は古代のSNSみたいなもんだろうと私は評したことがありました。言葉で出せないのなら壁に書き殴る。

何事にも驚かないこと

ヤマザキ　ラテン語さんは怒らないでしょうけど、日本人のなかにはやはり怒りっぽい人もいると思うんですよ。通販で「毒吐き壺《つぼ》」みたいなものが売ってて、何かと思えば溜まった愚痴やストレスを、その壺のなかに吐いて解消しよう、というグッズ。あれは古代ローマで販売しても売れるだろうな。

ラテン語　日記に怒りを書くことはありますよね。そういえば自分も小

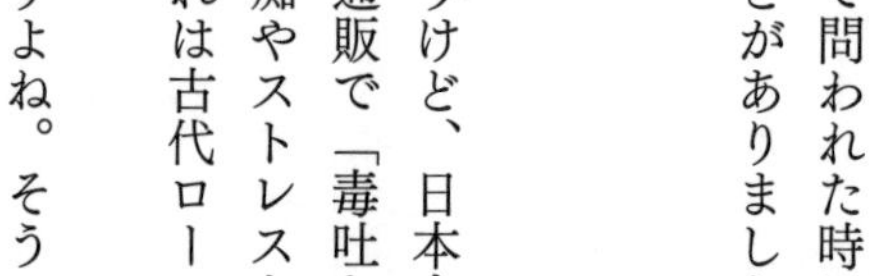

ポンペイで発見された落書きのなかでも、ラテン語さんのお気に入りの1つ。和訳「ウェヌス（ヴィーナス）を見たことがない人は、俺の彼女をよく見るがいい」。

学生の時そんなことやってたなとふと思い出しました。

ヤマザキ　昔は、ということは今はもうやらない？

ラテン語　そうですね。怒りを覚えることがなくなりました。

ヤマザキ　ちなみにうちの息子も怒っているのを見たことがない。もう30歳なんですけど、怒りたくならないと言ってました。

ラテン語　たぶん世代として、尾崎豊とかそういうものに憧れた世代の下なんで、先生に歯向かうことすらちょっとダサいみたいな、そういう空気も結構私たちの周りに蔓延《まんえん》していました。怒るとか感情を爆発させる人は、冷ややかな目線で見られていました。

ヤマザキ　感情を表に出すことはダサいんですね（笑）。

ラテン語　そういう雰囲気が少なくとも私の中学校にはありましたね。

ヤマザキ　まあ、要するにダサいという言葉に収めることで、省エネを正当化しているのかもしれないですね。ダサいことにして、感情の運動機能を働かせないことを肯定してるような気が、尾崎豊世代の私にはしますね。

ラテン語　それに関連してなんですが、少し似た意味で同じくホラーティウスの言葉にあるのが、nil admirari「**何事にも共感しないこと**」です。こちらもまた同じ『書簡詩』なんですが、今度は第1巻・第2歌ではなく、第1巻・第6歌です。

　ちなみに、日本において、女性向けの恋愛ゲームに『ニル・アドミラリの天秤』という名前のものがあります。

ヤマザキ　なんでその名前になったんでしょう。覚えやすいからか。

ラテン語　よくニルアドと略されています。

ヤマザキ　テルマエみたい。

ラテン語　nil admirari なんですが、ホラーティウスは何事にも驚かないこと、それが人が幸せになり幸せであり続ける「ほとんど唯一の方法」であるということを言っているんですね。つまり、何かあっても冷静でいるべきだと言っています。

　確かに、割と落ち着いている人のほうが無駄なエネルギーを消費しません。ただただ心を落ち着かせて、心が落ち着けばそれだけ悩みとかも

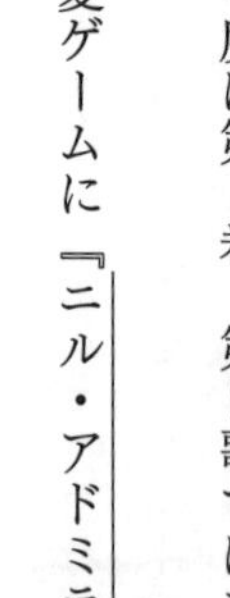

ニル・アドミラリの天秤　2016年にアイディアファクトリー株式会社のゲームブランド『オトメイト』より、架空の大正25年を舞台にした『ニル・アドミラリの天秤 帝都幻惑綺譚』が発売され、その後続編も発表。漫画化やアニメ化、舞台化もされた。

なく、幸せであり続けられるのかなと、私も思います。

イタリア人はどうなんですかね。驚きとかそういうものは。

ヤマザキ 驚くほどのことでもないことにいちいち驚いたりしてますね。驚くことでスペシャル感が増して興奮するのかもしれません。古代ローマでもおそらくイタリア人みたいに大袈裟《おおげさ》に驚く人が多かったのではないでしょうか。

先ほどから伺っていると、ラテン語さんの解釈には、どこか仏教的な、人間はあまり感情をたくさん動かさないほうがいい生き方ができる、という方向性を感じます。ホラーティウスの面白いところは、そういうふうに解釈を持っていけると同時に、そうではない解釈もできる。

今の世の中、私たちは何事も予定調和通りにならないといちいち動揺《どうよう》するじゃないですか。思った通りにならないと、どうしてこうならない、おかしいじゃないかと驚く。nil admirari には、生きていればどんなことだろうと起こり得るんだから、何があっても冷静に受け入れなさいよ、という慰《なぐさ》みの要素もあるのではないでしょうかね。

そもそもホラーティウスが生きていた時代は、アウグストゥスの時代です。ローマが共和政から帝政に移り変わった激動の時代ですよね。自分たちが保っていた日常が目まぐるしく変化していくことにいちいち動揺せずに、人間社会とはこういうものだと捉えて諦観《ていかん》することへの示唆のようにも捉えられます。

戦争もさることながら、世の中は理不尽さと不条理さで満ちています。人生は幸せなはず、という思い込みに意地でもしがみつくと、現実とのギャップにどんどん苦しめられてしまう。そんなやり場のない気持ちの時にこの言葉を思い浮かべると、すっと気持ちが落ち着くような気がします。

ラテン語　思い通りにならないことに驚くのもあるんですが、またそれとは逆に、思い通りにいきすぎて過度に歓喜することもあると思うんです。ホラーティウスはどちらの場合でも驚かない。

ヤマザキ　ホラーティウスはギリシャ哲学に傾倒していた人じゃないですか。ギリシャの哲学は非常に仏教的な部分を持っていて、人間は感情

アウグストゥス
共和政末期の権力闘争に勝ち、ローマ帝国初代皇帝となる。紀元前63年～後14年（在位：前27年～後14年）。

的になるといい結果を生み出さない、だから内省的にいつも自分と向き合って、感情に振り回されないようにしなさい、という教えもありました。

ホラーティウスだけじゃないでしょうけど、この時の知識人たちがギリシャの哲学に傾倒するのは、やっぱり当時のローマの混乱を目の当たりにしているからでしょう。ギリシャもまた戦争ばかりしていた場所ですから、ローマに先駆けて、人間のあり方を客観的に捉えているような至言がすでにいくつもあって、ローマの知識人たちはそこに惹《ひ》かれるものがあったのでしょう。

黄金の中庸

ラテン語　aequam memento rebus in arduis servare mentem「**困難な状況において冷静を忘れるな**」はまさにギリシャ哲学に傾倒したようなホラーティウスならではの言葉なのかなと思っております。

ヤマザキ　そうですね。彼はギリシャは征服された立場でありながら、ローマを逆に征服してもいる、というようなことを言っていて、ギリシャナイズされた当時の知識人の価値観がディープに詰まっているのが、ホラーティウスの言葉の特徴です。イタリア人よりも日本人に響く言葉がホラーティウスには多いような印象がありますね。

ラテン語　次に取り上げるものも、日本人に受けがいいのかなと思います。それが aurea mediocritas「**黄金の中庸《ちゅうよう》**」です。

ヤマザキ　中庸はもともとアリストテレスが『ニコマコス倫理学』で取り上げた言葉ですよね。

ラテン語　そうです。黄金の中庸、これを愛する者は誰でも崩れそうな家、そういうかなりボロボロになったものも避けつつ、また一方で贅沢《ぜいたく》な豪邸も避けつつ、人に妬《ねた》まれずに安心して生きられる。ホラーティウスの『歌集』第2巻・第10歌からです。両極端を避ける安全は日本人に刺さると思います。

ヤマザキ　社会で特別な存在として突出するより、全体調和を優先させる日本のような社会性に非常にマッチする言葉だと思います。

アリストテレス
紀元前384年～前322年。古代ギリシャの哲学者。プラトンの弟子であり、ギリシャ哲学の大成者。

ニコマコス倫理学
アリストテレスの倫理学にまつわる著作を息子のニコマコスらが編纂したもの。全10巻。

歌集
全4巻。『書簡詩』よりも前の成立。

ローマは当時、様々な思想や哲学が入ってくるなかで、様々な考え方や思想が混入して、なかなか人々をまとめるのが簡単ではなかったと思うのです。一応ラテン語という言語での統一を図《はか》ったところで、属州が増えればまたそこで多様性の枠は広がっていく。様々な倫理や宗教観を持った人々が渾然《こんぜん》一体となった状況のなかで、予定調和を求めても何の解決策にもなりません。そんな時、ローマ人は自分たちのモットーである「寛容」という言葉を思い出すわけです。「黄金の中庸」はそれに通じる言葉だと思います。

aurea mediocritas を分解すると、aurea は黄金じゃないですか。mediocritas は中庸ですよね。イタリア語で mediocre とか mediocrita と言うんですが、ラテン語の解釈と違って「そんなのつまんねえじゃないか」「バカバカしい」的な言葉として使われてます。中庸であることをむしろ非難するニュアンスが入っていますね。

ここにこの古代ローマ社会と、今の個人主義が確立したイタリア社会の差が歴然と見えるような気がします。

ラテン語　英語のmediocre「平凡な」も同じですね。

ヤマザキ　mediocritasを中庸と和訳された状態で読むと分かりませんが、イタリア語を知ってラテン語のaurea mediocritasを読むと、目立たない、要するに何者でもない、むしろ愚かなぐらいがいいんだということを言いたいのではないか、という印象を受けますね。

ラテン語　中庸に関してですが、他にもin medio tutissimus ibis「**中間を行くのが最も安全**」という言葉があります。これはホラーティウスではないんですが、似たことを言っています。

ヤマザキ　オウィディウスですね。時代が同じですかね。

ラテン語　そうですね。だいたいアウグストゥス帝の時代です。神話を題材にした叙事詩《じょじし》『変身物語』のなかの一節なんですが、現代においては、例えば学校のモットーとかで、中庸のすすめとして用いられるものなんです。

原文の文脈というのは、パエトーンという太陽神の子どもが太陽の戦車を操縦したがっている。そこでお父さんが、天の上すぎず下すぎず、

オウィディウス
古代ローマを代表する詩人。紀元前43年～後18年頃。

変身物語
オウィディウス唯一の叙事詩にして代表作。全15巻。

太陽神
アポロン。

ちょうど中間を進めば安全だよと言う。ただ子どもは言うことを聞かず、戦車の操縦も効かずに大変なことになる。

そういうエピソードなんですが、神話のエピソードにおけるセリフの1つが中庸のすすめのモットーとして使われている。そこを面白く感じ、今回ぜひ取り上げたいと思いました。

ヤマザキ　繰り返しになりますが、この人たちが生きていたのは、共和政が崩れて帝政へと移り変わる大きな変革期、激動の時代ですから、人々が冷静さを欠くことは結構当たり前だったでしょう。そんな時にこの言葉は心情を落ち着かせる効果があったのかもしれません。

オウィディウスはどこか風俗的な目線を持った作家で、日常の人々の行動をつぶさに眺めて作品を書く人でしたから、この言葉にも説得力がありますね。逆の見方をすれば、こういう格言に出合うたびに、混乱と動乱に満ちた背景が映し出されるような感覚があります。

ラテン語　確かに、アウグストゥス帝により帝政が成立する前から、カエサルが強大な権力を持ち、いわゆる王になろうとしているという噂《うわさ》が

カエサル
ユーリウス・カエサル（ジュリアス・シーザー）。紀元前100年〜前44年。共和政末期に軍人として台頭し、内戦に勝ち独裁的な権力を得るが、最後は共和派により暗殺された。養子のオクターウィアーヌスが、のちのアウグストゥス。

流れたり、三頭政治になったりとか、そういうもので社会が本当に変わりゆく時代です。

ヤマザキ　オウィディウスのような知識人たちはそういう状況を側から見ていて、どうすればその混乱に巻き込まれずに生き抜いていけるだろうかということを、日々模索してたはずです。だから、「黄金の中庸」や「そんなに怒るな」などといった言葉を生むことで、波乱の日常が穏やかになるのを待とうとしていたのかもしれません。

カルペ・ディエム、一日を摘み取れ

ラテン語　ホラーティウスの言葉としてこの流れで最後に取り上げたいのが、carpe diem「**一日を摘《つ》み取れ**」です。aurea mediocritas「黄金の中庸」もそうですが、ホラーティウスは語の結びつきに意外性のある格言が目立ちます。黄金と中庸、あまり他に見られない語の組み合わせです。ホラーティウスの詩を読んでいると、そういうものが結構あると感じます。

三頭政治
共和政ローマ末期の有力政治家による寡頭政治。カエサル、ポンペイウス、クラッススによる第1回（紀元前60年～前49年）、アントニウス、オクターウィアーヌス、レピドゥスによる第2回（前43年～前32年）がある。

carpe diem もその1つであり、「一日を摘み取れ」だけだと一見何を言っているのか分かりません。文脈を読むと、一日の実を摘み取れ、つまり一日一日を目いっぱい楽しめという解釈になると思うんですね。一日一日を楽しくというか、後のことは考えず今日を楽しめという言葉。

ヤマザキ　「ゴンドラの唄」という古い日本の歌は「いのち短し恋せよ乙女」というセリフで始まりますが、古代ローマではハドリアヌス帝が亡くなる時に残した詩がやはり自らの短い命を憂《うれ》う内容になっています。短い命を惜しむ内容の言葉というのは、どの時代を生きるどんな人にも感受できるものだということが分かりますね。

ホラーティウスがたまたま、carpe diem とまとめているんですけど、たぶんどの世界にも、かたちこそ違えど「今日一日を大事だと思って生きていけ」といった教えは共通してあるのではないでしょうか。

死生を顧《かえり》みているこうした詩文は、やはり波瀾《はらん》万丈の人生を送ってくるなどして、爛熟《らんじゅく》した精神から生まれてくるものです。楽しい人生を送っていると「死ぬのは嫌だな」と思ってしまうものでしょうけど、「carpe

ハドリアヌス
第14代ローマ皇帝。76年～138年（在位：117年～138年）。ローマに繁栄と安寧をもたらした五賢帝の一人に数えられる。

diem」はむしろ死を堂々と迎え入れるための心の準備を唱えているような格言だと思います。

明日どうなのか分からない。戦争に駆り出されて殺されるかもしれない。または蛮族が押し寄せてきて殺されるかもしれない。こうした危機感は古代ローマ人だけではなく、それ以前もそれ以降も常に人々が抱え続けてきたことでしょう。あちこちで終わる気配のない戦争が続いている今の世の中だってそうです。

carpe diemという言葉は、実は自書のタイトルにも使ってますけど、ローマに行くと、だいたいすべての土産物屋でマグネットになって売っているほど、世界中で有名な格言です。いつ終わるか分からないのだから、今日一日を有意義に生きなさいという言葉は、この地球に生きる多くの人々が必要としている言葉なのかもしれません。

ラテン語　世界中にままある思想でも、ホラーティウスの手にかかれば、carpe diemという言葉のインパクトによって有名になる。それがホラーティウスのさすがの腕だなと感じております。

ヤマザキマリ『CARPE DIEM 今この瞬間を生きて』(エクスナレッジ)

ヤマザキ　この時代の知識人はみんな、修辞学、レトリカルな言葉の組み立て方を学習していましたからね。ホラーティウスは言葉の構成が短いほど、人の心にスッと入っていくという傾向をよく分かっていたんでしょうね。

ホラーティウスの普遍性と審美眼

ラテン語　ホラーティウスに関して、その人自身についても喋りたいなと思っております。詩人ではあるんですが、あまり物語とかそういうものを書かず、風刺《ふうし》詩や教訓になるような詩を残しています。ですから格言としてよく引用されるのも自然なことです。

ヤマザキ　我々が事前に候補として選んだ「座右のラテン語」リストにも、ホラーティウスのものが圧倒的に多いように思いますね。

　ホラーティウスがこれだけ多いのは、歴史のなかで使われ続けてきた言葉がたくさんあるからなのでしょう。時代性や、考え方、社会性の変化を抜きに、普遍的に人間が考えうること、人間が陥《おちい》りやすいこと、そういったものを感受する力があった人なんだと思います。

ラテン語　ホラーティウスの普遍性でいうと、彼はその詩のなかで、若い時は良かった、昔は良かったと言っている人を否定的に取り上げています。確かに「俺の若い頃の時代は良かったな」とか言っている人は、現代でもあんまり好かれていません。何千年後でも通じることをよく書いていたので、引用されやすいんだなと思います。

ヤマザキ　本当に、いつの時代も人の考えは変わらないということを示してくれる格言の1つですよね。私もかつては年配者にそんなことを言われると「だから何なんだ、だったら昔に戻れば？」などと反発していたものですが、当時の若者も同じ反応をしていたかもしれません。我々は古代ローマ時代などと一括《ひとくく》りにしがちですけど、そのなかにも現在や過去・未来があったのだということを感じさせられます。

キケローが残したもの

ラテン語　ということで、ホラーティウスについては一旦ここまでにして、また新たな格言を取り上げていきたいと思います。次は、ridere in stomacho「**憤りの最中に笑う**」です。キケローが書簡のなかで政敵であるカエサルについて冗談を書き、その後で「私は憤りのなかでも笑う、そういう人間であるから」ということを書いているんです。

　腹が立っている時でも笑う、というのはどういうことか。ユーモアの心を忘れない、とも解釈できると思うんですが、ちょっと私には分かりかねます。この言葉はヤマザキさんの選定ですね。

ヤマザキ　怒ったり憤っていると、だんだんバカバカしくなって笑っちゃう時っていうのがあるんです。私の母はよく私を叱りつけてる最中に「ああ、もう笑うしかない」と言って怒るのをやめてました。怒りの種類にもよりますけどね。こういう笑いは、相手に自分の動じなさを見せつける効果もありますね。問題に対する価値観や受け止め方の違いを嘲《あざ》笑《わら》うというのか、自分の寛大さを誇示するというのか。ラテン語さんもそのうち分かるかも。

ラテン語　そうですね。自分がそういう感覚を今後体験するのか、楽し

キケロー
紀元前106年〜前43年。共和政末期の政治家、弁護士、哲学者。ギリシャ哲学を紹介し、後世に多大な影響を与える。ラテン語散文の名手。

みです。というのも、イタリアに行く予定がやっと立ったんです。

ヤマザキ　おお、そうでしたか！　おそらく、日本にいる時には使わない感情を駆使することになるでしょう（笑）。

ラテン語　来年あたり性格が変わっているかもしれないです（笑）。

ヤマザキ　でも本当に、行くと分かるかもしれない。なんでこんな格言をみんな生んできたのかが。

いいことじゃないですか。新たな感情を開拓するのはとても大事ですし、こうしたキケローの短気な格言もすっと理解できるようになるかもです。

そもそもキケローという人は怒りっぽい人だったんでしょうね。頭が良い人は自分の知的レベルで話ができない人に対してムカついたり腹が立ってしまうことがあると思うんですね。でもそれって不可抗力なことなわけですよ。そういう真意に触れた瞬間、ふとバカバカしくなって笑っちゃったりしてたのかもしれません。

人生経験や学習経験の豊富な人ほどそういう傾向がありそうです。

ラテン語　ヤマザキさんはカエサルについてよく話されている印象があるんですが、カエサルの政敵であるキケローについてはどのようにお考えですか？

ヤマザキ　カエサルについては特化したシンパというわけでもないですし、だからキケローが嫌いというのもありません。キケローはおそらくものすごく頭の良い人で、自分と同じ目線で話ができない人を卑下《ひげ》してしまうような性格だったんじゃないか、と思います。

軍人でありながら優れたリーダー性とカリスマがあり、雄弁かつ上手な文章も書けて、おまけに女も含む人たらし……といったカエサルに対する妬みややっかみがキケローにはあったんじゃないかなと思いますよ。まあカエサルみたいな人は誰からも妬まれてしまう存在だったとは思いますが、政治家という同じ土壌に立っていたところもまた癪《しゃく》に障っていたでしょう。

ただやっぱりキケローはカエサルと違って確実に学術畑の人でしたから、ラテン文学の面ではカエサルよりもずっと優れた評価をされています。

ラテン語　キケローが書いた文章は、ラテン語の散文において最高級にあると今でも評価されるものばかりです。ただそのキケローであっても最後の方はマルクス・アントニウスを敵に回して暗殺されてしまいます。マルクス・アントニウス弾劾演説を見ると、こんなことを言ったら殺されちゃうよと読んでいるこちらが心配になります。

ヤマザキ　殺される恐怖や懸念よりも、自分の思想を主張するほうが優勢だったということでしょう。古代ローマの人々は、死というものに対する考え方が現代の我々とは違います。誇りを持つ死であれば別にいつ迎え入れても構わない、死んだ後にどれだけ長く自分について語り継がれるかのほうが重要だった、というのはあります。

彫像や石像がたくさん残され、そこに碑文《ひぶん》が刻み込まれたりするのは、その人の存在を後世にも証明していくためなわけで、それこそラテン語さんのように、20世紀も経過してから、そこに刻まれたラテン語に興味を持ってくれる人や、私のように古の皇帝たちをかたちにする表現者が

マルクス・アントニウス
紀元前83年～前30年。共和政末期の政治家にして第2回三頭政治の一頭だったが、オクターウィアーヌスとの対決に敗れる。シェイクスピア作品にもなったクレオパトラとの関係も有名。

現れたりすると、それは大成功を意味することになります。

生きている期間は carpe diem じゃないけれど、ものすごく限定的です。でもその短い時間のなかで何を生み出せるか、そしてどれだけ後世に自分の名前を語り継いでもらえるか、という意味で捉えるのなら、キケローはもう大成功者なんですよね。

ラテン語　本当に大成功者ですよね。その演説は演説のお手本であり、彼が書いた哲学書も、現在でも広く読まれています。

考えることをやめてはいけない

ラテン語　キケローの哲学の著作に、まさに今我々がやっているような対談形式の『トゥスクルム荘対談集』というものがあります。そこにあるのが、vivere est cogitare「**生きることは考えることである**」です。

キケローはこの著作のなかで、魂はたとえ視覚がなくても楽しい、目が見えなくても楽しみを覚えることができると言っています。ただしそれは博学な人の場合であると。博学な人にとっては、生きることは考え

トゥスクルム荘対談集　キケロー最晩年の哲学書。全5巻。トゥスクルム荘は実在の別荘。

ることであり、考えることで喜びを見いだせるというわけです。

私自身は、考えることというのが苦手なんですね。一人で考えたりするとすごく落ち込んでしまうので、できれば考えずに、例えば大切な人といて、おいしいものを食べたり、ディズニーランドに行ったりとか。キケローが思い描く博学な人とはかなり遠くなってしまっているんです。

私は考えるということを、あまりしていないと自覚するんですが、ヤマザキさんにとっては生きることは考えることでしょうか?

ヤマザキ　このキケローの格言に私は大賛同です。人間には知性というものが備わっていますが、だからといって他の動物より優れているということではありません。むしろ、この地球で祖先を残していくには他の動物よりも努力をしなければならない宿命を司《つかさど》っている。その宿命というのが、つまり知性の修練ですね。要するに、考える、ということです。知性というのは鍛え方によって、素晴らしいものにも、最悪なものにもなり得ます。知性の修練を怠った人間というのは、例えば鳥が羽を使わなくなったり、馬が脚を動かすことをしなくなるのと同質のことかと思います。

我が家には猫と金魚と昆虫が暮らしていますが、彼らを見ていると、みんな生まれ持ってきたスキルを全身全霊で使って生きている。コスパが悪いからなるべくダラダラしてます、みたいなのは、まあ猫にはちょっとその兆候があるけれど（笑）、昆虫や魚を見ている限りはないですね。

知性は、怠惰を覚えると、どうしてもそっちに持ってかれちゃうんですよね。運動が面倒くさい、というのと同じです。でも、長生きのために肉体の健康ばかりを慮《おもんぱか》っていたら、人間は簡単に野蛮化してしまう。考えることは面倒ですが、やめてしまうとまず倫理が崩壊し、社会は大混乱状態に陥ってしまうでしょう。

私たちホモ・サピエンスは、その都度《つど》あらゆることを考えながら生き延びてきた生物です。考えてなんぼの生物です。種族を残すのも、家族を作るのも、社会を形成し、それを維持していくのも、すべて思考を駆使しなければ成立しないことばかりです。だから「生きることは考えることである」というのは、もう呆れるくらいに当たり前のことなんですよ。

　考えても仕方がない、何も考えたくないから引っ張ってくれる人がいたらそこにぶら下がってりゃいいや、などと言っていると極悪独裁者に支配されてしまって二進《にっち》も三進《さっち》もいかなくなる、というのは歴史のなかですでに何度となく立証されています。思考を停止させつつ生きていく、というのは、民衆を自分色に染めたい独裁者や為政者には好都合ですが、我々は自分の魂をそちらに売ってしまうことになり、しかもその自覚さえ持てない状態になる。カンボジアのポル・ポトや中国の文化大革命における知識人たちへの制圧は、まさにその具体例ではないでしょうか。余計なことを考えるな、というのはつまり、人間であることをやめろ、と言っているようなものかと。

ラテン語　なるほど。

ヤマザキ　キケローの時代も快楽を優先すればそれでいい、と思っている人たちが少なからずいたと思います。カエサルも周りに借金をしまく

ポル・ポト
政治家、独裁者。1925年～1998年。民主カンプチアの首相を務めた1976年から1979年のカンボジアでは、100万以上が虐殺された。

文化大革命
プロレタリア文化大革命、文革とも。毛沢東の主導・大衆動員による1966年からの政治運動。社会主義の後退に対抗することを謳っていたが、実態は劉少奇ら実権派からの権利奪取を目的としていた。知識人は弾圧され、一千万人とも言わ

りながらもそれに厭《いと》わず湯水のようにお金を使うエピキュリアンでしたから、キケローはそうした価値観に対して懐疑的だったんじゃないかと思います。この人はそもそも懐疑主義者ですからね。すべてのことに疑いを持つ、ということは、何に対しても「果たして本当にこれがいいんだろうか」と考えていなければならないわけです。燃費はめちゃくちゃ悪いですけど、この燃費の悪さを怠っては人間の機能を全《まっと》うしたことにはならないだろう、というのが彼にはあったはずです。

そうしたキケローの、燃費の悪さを推奨する考えというのは、14、15世紀も後になって、ルネッサンスと呼ばれる文化改革を引き起こした人たちによって踏襲されるようになるわけです。

古代ローマの皇帝たちがキリスト教に改宗し、中東ではイスラム教が発生し、人々は異端として戒められないように、宗教に紐づく倫理とルールに従って、自由な思想や考え方を模索するのをやめていきます。影響力のある異端は捕らえられて抹殺されてしまうわけです。絵画も彫刻も宗教に紐づけされたものしか生み出せず、知性が纏足《てんそく》状態におかれて

れる多数の死者を出し、文化財の消失も多かった。1976年の毛沢東死去により収束。

エピキュリアン
快楽主義者。

いました。

しかし、時間とともにそんな情勢に対して徐々に争う気持ちを露呈《ろてい》させる為政者や表現者が現れてきます。その思想がいわば後世にルネッサンス（再生）と名付けられる文化的変革期に非常に多く用いられるようになるわけです。キケローの書物は中世の時代は完全に闇に葬られていましたが、14世紀になって詩人のペトラルカによって掘り起こされ、その人物像が再び蘇《よみがえ》るわけです。というわけで、ルネッサンスとキケローの関わりはとても密接なのです。要するに、キケローのような短気でコスパの悪い知識人が称賛されるような時代になってきたら、それは実は素晴らしい時代の幕開けを意味することになる、とも言えるでしょうね。

今の時代はキケローが持て囃《はや》されるのはちょっと無理かな。

ラテン語　私も、人間に与えられた機能を自覚して、もう少し考える努力をしなければならないと気づかされました。

ペトラルカ
ルネッサンス期を代表するイタリアの詩人、人文学者。１３０４年〜１３７４年。『カンツォニエーレ』など。

ホラーティウスとキケローを共生させる

ヤマザキ　ホラーティウスの次にキケローを取り上げるというのは、並びとして非常に面白いですね。ラテン語さんは最初にホラーティウスを持ってきた。ホラーティウスはどちらかといえば波風を立たせず、感情面でも抑制を利かせる省エネ派。満身創痍《まんしんそうい》となっても考えることを怠るな、と訴えかけるキケローはまったくその反対です。

私は、このどちらの思想も共生させることが重要だと思うんですね。アグレッシブでエネルギッシュな感情を持つことも、同時にそれを抑制させるというスキルを持つことも、知性の生物人間にとって非常に大事なことではないかという気がします。でもこうした感情のコントロールはそれこそ知性の稼働を怠らせていたら叶《かな》いません。怠惰は危険だというキケローの警鐘は時々思い出して然《しか》りかと思いますよ。

イタリアの人たちなんか見ていると、一般の人でも喋り出すと皆にわか思想家みたいな口調になりますからね。コスパの悪い生き方をしている人はたいてい面倒なんだけれど、思考という機能を万遍《まんべん》なく使っていることには感心します。

運動不足になると筋トレをしなきゃとか、ジムに行こう、走ってこよう、となるじゃないですか。思考力も同じです。思考力不足にならないように、メンテナンスを心がけていけば、うっかり古代ローマにタイムスリップしてもキケロー先生に叱られることはありませんよ（笑）。

確かな友情は不確かな状況で見分けられる

ラテン語　キケローの言葉として、omnia praeclara rara「**すべての素晴らしきものは稀《まれ》である**」も取り上げます。友情について書いた『友情論』からの一節です。

友情に値する人々というのは、その内に愛される理由を持つ人々。そしてそういう人は稀である。なぜかというと素晴らしいものはすべて稀であるからと。そういうことをキケローは言っているんですね。

これはどういう友達を探すべきかについての文脈で出てきたものです

友情論
キケローの前時代の政治家ラエリウスに仮託した対話篇。ラエリウスが婿に対して友情について語る。

が、友達をどういうふうに選ぶのか、これもできればここでお話ししたいと思っておりました。

私としては、やさしい人でさえあればその人と友達になりたいと考えます。一方でやさしくなかったらどんなに学識があっても、どんなにお金持ちであっても友達にはなりたくない。そういうことを思っているんですが、ヤマザキさんはどうでしょうか？

ヤマザキ　ナイーブでやさしいラテン語さんらしいお言葉です。私みたいなのはもう、これまでに甘いも酸っぱいも苦いもしょっぱいも味わい、あらゆる人たちと出会い、関わり、喜び、傷ついてきましたから、そうなってくると、人との出会いに期待をすることがなくなります。やさしく見えているのに、そのやさしさが計算高さによるものだった、という経験も何度もありますからね。嫌なやつかそうでないかはあまり拘《こだわ》らず、接していて不快感や嫌悪感が発生しなければその人とは付き合っていける、くらいの姿勢です。ところでラテン語さんって今いくつでしたっけ？

ラテン語　31です。

ヤマザキ　これからの人生でラテン語さんもきっといろんな人と知り合っていって、一昔前の言い方だと、アドレス帳は埋まっていくことになるでしょう。ただ、アドレス帳がどんなにいっぱいになっても、年を取ればそのなかで連絡を取り続ける人なんてほんのわずかになってしまう。もちろん人によって違いますから、そうとは言い切れませんよ。でも親しくしている年配の友人も、誰でもいいから幅広く付き合う、というのは50代をピークに清算されるようになっていく、と言っていましたし、自分の現場を見てみてもまさにその通りだと思います。

ラテン語　そういうものなんですね。

ヤマザキ　要するに、友人という概念が変化するのだと思います。傷つけ合わないこと前提の友好というのは、自分にとって都合のいい関わり、ということになりますよね。今の私には、そういう考え方はありません。自分と同じく、利便性なしで人付き合いのできる人。変に気を遣ったりおもねったりしなくても、必要な時に助け合える人。でも、そこまで到達するには、だいぶ友達に裏切られたり失敗したり悲しんだり苦しんだりを繰り返さないといけないですけどね。

キケローもおそらく、親友と思っていた人からも裏切られるなどして、友達はもう数人しか残ってない、という状況だったのかもしれません。悲しみや失意を散々体験してきたから、「すべての素晴らしきものは稀である」というような言葉が生まれるのでしょう。

この言葉は真意を突いていますよ。世の中には前向きな物の見方を煽《あお》る歌や映画なんかがたくさんありますし、日々頑張って生きている人にはそうしたやさしい励ましの言葉が染み入るのだと思うけど、時にはそんな表層的な慰みの言葉がまったく効力を持たないこともあります。

人というのは些細《ささい》なきっかけで狂暴に豹変《ひょうへん》しますし、社会の流れやルールと違うことを考えたりするようになると、異端として仲間外れにされてしまうこともあります。いじめ、なんていうのはまさにそれですよね。そんな時、前向きな励ましの言葉よりも「すべての素晴らしきものは稀である」という言葉を思いだしたほうが、そうか、人間や人間の社会ってそもそもそういうものなんだよな、と立ち直れる場合もあるでしょう。悲観的だと捉える人もいるかもしれませんが、私にしてみれば、やはり無責任な楽観的な言葉よりも、ずっとずっと説得力があると思います。

「恋人を見つけるより友達を見つけるのが難しい」と言っていた人がいますが、キケローも本当ならカエサルとも良い関係でいられた可能性もあるわけです。ただ、社会情勢が不安定ななかでは、せっかくいいものを持ち合っていても、敵対してしまう場合もある。そういう事情も、この言葉が生まれた動機のなかに潜んでいるのではないかという気がします。

ラテン語　ヤマザキさんの今のお話を聞いていて、キケローが『友情論』のなかでエンニウスの言葉として引用した格言、amicus certus in re incerta cernitur「**確かな友情は不確かな状況で見分けられる**」が思い浮かびました。

ヤマザキ　今ここで散々語ってきたことへの簡潔な答えですね。

エンニウス
ラテン文学初期の詩人。紀元前239年〜前169年。

ラテン語　エンニウスの思想にヤマザキさんは辿《たど》り着いていたんですね。

ヤマザキ　そうですね。自暴自棄になって自分でも自分が嫌だ、などと思っている時でも、周りからも非難されて孤立するようなことになっても、すべてが共有できなくても、それでも気づいたら自分のそばにいてくれる、というのが私にとっての本当の友人です。友情というものが貸し借り勘定や偽善からではなく、利他の精神から生まれるものだということを伝える言葉ですね。

ラテン語　私も今後、友人と喧嘩するかもしれないですが、そのなかに誰かしら数十年後でも親友と呼べるような、そういう人がいてくれればと願います。

ヤマザキ　生きていればそういう人は必ず現れますよ。何十年も生きていると、周りには自分が等身大で付き合える人しか残らなくなるものです。エンニウスもたぶん、本当に困っている時に、誰かがそばにいてくれたんですよ。そういう背景を思い起こさせる、説得力のある言葉だと思います。

必要とあらば友達でも立ち向かう勇気

ラテン語　ヤマザキさんの友人関係でのエピソードもお聞きしたいです。

ヤマザキ　私は自分を、友人関係を継続させるのが下手くそな人間だと思っています。仲良くなれた人がいても、マメじゃないので連絡を取り続けられない。それと、もともと一人でいるのが好きだというのが大きいですね。父親は早くに死んでいないし、母親もオーケストラの仕事で家にいないし、妹の面倒を見ながら一人の世界にふけることが多かった。本を読んでいるほうが、誰かと過ごすより楽しいと思っているところがありました。

そんな性格なので、イタリアに行く時も誰にも相談せずに学校をやめてしまったので、クラスメートに非難されました。友達なのに、なぜひとこと言ってくれなかったの！と。

でもその時くらいから、私のなかにはもうエンニウスの言葉のような気持ちがあったと思うんです。孤独を怖がらずに自分の人生を歩んでいれば、本当に必要な出会いは自《おの》ずとあるはずだと。意図的に友達を探すのではなく、自然に巡り合える良い出会いを待とうと思っていました。そして実際、そういう出会いはいくつかありました。

そういえばつい最近、小学校6年生の時に仲良くしていた友達から突然私のHPに連絡が来て、一緒にご飯を食べました。実に45年ぶりでしたが、時の隔《へだ》たりの違和感がありませんでした。お互いまったく違う職業でまったく違う人生を歩んでいるのだけど、ほんの一時期でも掛け値のない楽しい時間を共有できていた人とは、こうして繋がっていられるのだなと思いました。

ラテン語　そんなことがあったんですね。

ヤマザキ　あったんです。彼女は私がテレビに出ているのを見るたび、会いたいなと思っていたけれど、きっといつかどこかで会えるはずと信じて過ごしていたそうです。ところが重い病気をしたことで、思い切ってHPにメールを送ったということでした。出会う機会を無理に作ろうとしなかったことも、不安な時に私を思いだしてくれたことも、すごく嬉《うれ》しかったし、こういう人とはしょっちゅう会うわけではなくても、きっとずっと友人でいられるんだろうな、という確信がありました。

ラテン語　ちょっと言葉が出ない。すごい友情物語ですね。

ヤマザキ　あと、正直に思ったことや感じたこと、日々の愚痴まで言い合える人もいますが、そういう友人を一人でも持つことはとても大切ですね。

あまりに辛辣な意見を言われることもあるので、そんな時は一瞬たじろいでしまうけれど、でもよく考えたらその人が言うことも一理あるな、という気持ちになってくる。良い友人というのは、やさしく接してくれたり慰めてくれるよりも、嫌われるかもしれないけれど、相手を慮るからこそしっかりと自らの見解を口にできる人かもしれません。

ラテン語　必要とあらば友達でも立ち向かう勇気は、『ハリー・ポッター と賢者の石』で私は学びましたね。

ヤマザキ　確かに『ハリー・ポッター』は友人というもののあり方を考えさせられる物語ですよね。

結論から言うと、私にとっての真の友人というのは、どんなにそれぞれの思想信条や人付き合いの法則が合致しなくても、ありのままの状態をリスペクトし合える間柄のことを言うのではないかと思っています。自分にやさしくしてくれたり慮ってくれるのも大事ですけど、それに先立つリスペクトさえあれば、やさしさは自ずとセットになっているはずです。ラテン語さんもイタリアに行ったら、そういう友達ができるかもしれませんね。

ラテン語　イタリアへは、とある学校を視察する、そういう旅に行ってきます。ラテン語しか話さない寄宿学校があるんです。

ヤマザキ　そんな学校があるんですね。ラテン語さんは絶対行ったほうがいいですよ。そこにはイタリア人以外にも生徒はいるんですか？

ラテン語　インターナショナルです。

ヤマザキ　ラテン語に惹かれ合う仲間同士で、きっと気の合うお友達ができると思います。

ラテン語　そういう友達を作れるように、願っております。

ヤマザキ　はい。ドーンと行っちゃってください。

II

第2章

芸術家のエネルギー

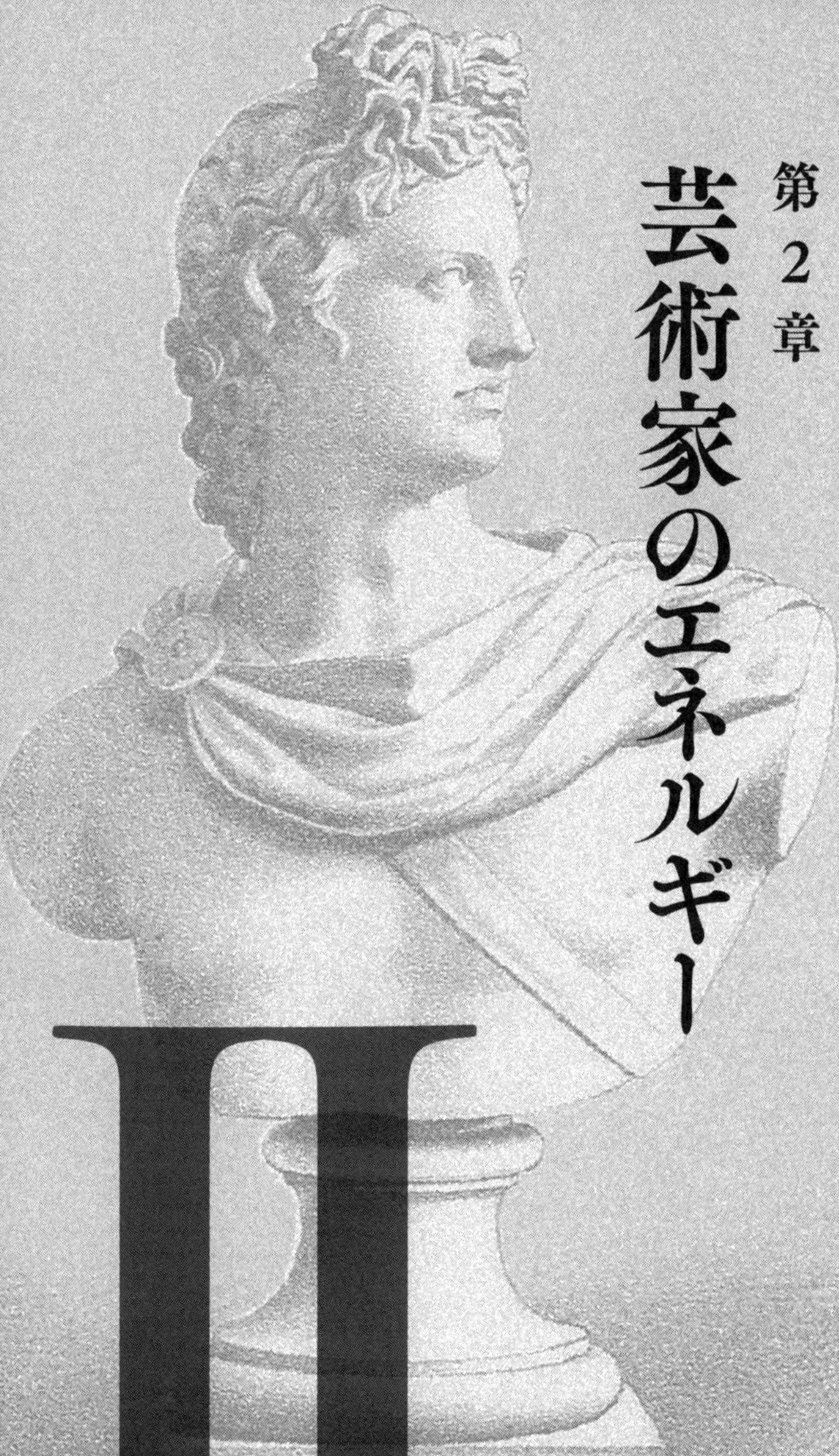

本章に登場する座右のラテン語

possunt《ポッスント》, quia《クィア》 posse《ポッセ》 videntur《ウィデントゥル》

できると思うからできる

ウェルギリウス『アエネーイス』

ne《ネー》 cede《ケーデ》 malis《マリース》, sed《セド》 contra《コントラー》 audentior《アウディエンティオル》 ito《イートー》

禍に屈せず勇敢に進め

ウェルギリウス『アエネーイス』

audentes《アウデンテース》 fortuna《フォルトゥーナ》 iuvat《ユウァト》

運は勇敢な者の味方をする

ウェルギリウス『アエネーイス』

fortes《フォルテース》 fortuna《フォルトゥーナ》 adiuvat《アドユウァト》

運は勇敢な者の味方をする

テレンティウス『ポルミオー』

multa《ムルタ》 docet《ドケト》 fames《ファメース》

飢えは多くのことを教える

エラスムス『格言集』

（『メナンドロスの一行格言集』にあるギリシャ語のラテン語訳）

II 芸術家のエネルギー

nulla《ヌーッラ》 dies《ディエース》 sine《スィネ》 linea《リーネアー》

線を引かない日は一日もない

ことわざ（この由来が大プリニウス『博物誌』に書かれている）

aiunt《アイユント》 enim《エニム》 multum《ムルトゥム》 legendum《レゲンドゥム》 esse《エッセ》, non《ノーン》 multa《ムルタ》

多読よりも精読すべきと言われている

小プリニウス『書簡集』

citharoedus《キタロエドゥス》 ridetur《リーデートゥル》, chorda《コルダー》 qui《クィー》 semper《センペル》 oberrat《オベッラト》 eadem《エアーデム》

いつも同じ弦で間違える琴弾きは笑われる

ホラーティウス『詩論』

nullum《ヌーッルム》 magnum《マグヌム》 ingenium《インゲニウム》 sine《スィネ》 mixtura《ミクストゥーラー》 dementiae《デーメンティアエ》 fuit《フイト》

偉大な天才で狂気を含まない者はいない

セネカ『心の平静について』（アリストテレスの言葉）

facit《ファキト》 indignatio《インディグナーティオー》 versum《ウェルスム》

怒りが詩を作る

ユウェナーリス『風刺詩集』

ウェルギリウス、勇気にまつわる3つの格言

ラテン語　ドーンと行くということで、続いては大胆さについてのラテン語を取り上げたいと思います。possunt, quia posse videntur「**できると思うからできる**」とか、ne cede malis, sed contra audentior ito「**禍《わざわい》に屈せず勇敢に進め**」ですね。前者は私が選んだもので、後者はヤマザキさんが選んだものです。

何かしらの大胆さをある程度持ち合わせていないと、人間はあまりことを始められない気がするんですね。生きる上で慎重さはもちろん要るんですが、慎重に生きているだけだとなかなかやりたいこともできなくなってしまうので、大胆さに通ずるラテン語を私も選ばせていただきました。

ヤマザキ　ラテン語さんは割とこの手の格言を選んでいますね。audentes fortuna iuvat「**運は勇敢な者の味方をする**」もそうだし。

ラテン語　そういうふうに思っていないと、本も書けず、記事も書けな

いので。常に大胆であろうと、そう思っております。

ヤマザキ　やはり強気の思い入れは時々必要になりますね。私もいつも漫画やエッセイの締め切りが迫ってくる時に、絶対落とさない、落とすわけない、絶対に間に合う！と思い込みながらやっています。

ただ危険なのは、できると思うからできると思っていたのに、結果的にできなかった時です。思い通りに行かなかったことへの落胆に魂を持っていかれないようにしないといけません。志望校に絶対受かると思っていながら、受からなかった時どうするか。仕事で思っていたような結果が出なかったらどうするか。そのような顛末《てんまつ》を受け入れる寛大さもしっかり持っていないと、懸命に頑張った自分がかわいそうです。そういう寛大さを持つことも勇気が要ることですよ。

ラテン語　できなかった時は、一旦は受け入れて次の糧にするというか、次どうやって成功するかを反省して考えるとかが必要ですね。

ヤマザキ　そうですね、失敗や屈辱は人間が成熟するための必須栄養素ですからね、良い養分をもらったと思ったほうがいい。ちなみにこの格言はウェルギリウスですよね。やっぱり激動期の人ですよね。優柔不断にしているとどうなってしまうか分からない、非常に不安定な社会だったからこそ、自分が確信を得たことに向かって突き進んでいかなきゃという信念の強さが必要だったのでしょう。

同じ「**運は勇敢な者の味方をする**」という意味の、fortes fortuna adiuvat もラテン語さんは選んでいますね。これはテレンティウスです。これもまた、自分のやりたいことを突き進んでいこうとしているラテン語さんにとって、とても大事な言葉なのでしょうね。

待っていても運は来ない

ラテン語　ヤマザキさんに伺いたいのが、先ほどもお話しになっていた、17歳で単身、イタリアに渡るというご経験です。これこそ大胆で勇敢な決断だったと思います。確か、人に勧められてのことだったんですよね？　すべての道はローマに通ず、と言われたと以前お聞きしました。

ヤマザキ　14歳の時のヨーロッパ一人旅の最中に出会ったイタリア人の

ウェルギリウス
古代ローマを代表する詩人。紀元前70年～前19年。本書の装画はヤマザキマリが彼を描いたもの。

テレンティウス
共和政時代の劇作家。紀元前185年～前159年。

おじいさんに言われた言葉ですね。ブリュッセルの中央駅のホームで一人佇《たたず》む私を目撃し、家出少女だと思ったそうです。事情を説明したら「一ヶ月も時間があったのにフランスとドイツだけ?? イタリアをなぜ端折《はしょ》った!?」と怒鳴られ、その時突然ラテン語で「Omnes viae Romam ducunt!」と発言したんです。すべての道はローマに通ず、ですね。びっくりしましたけど、結局私が日本に戻った後、手紙を通じてこの人と母親が意気投合し、私のイタリア留学が勝手に決まってしまったんです。

ラテン語　ただ多くのケースでは、そんな大きな決断は、たとえ勧める人がいたとしても、実際に行動に移すということはあまりないと思うんですね。なぜヤマザキさんは実際に行動に移したのか。決断したのか。

ヤマザキ　14歳の時の一人旅も私の意思ではなく、母に行ってこいと言われて背中を押されました。でも私はもともと、そういう成り行きに争わない性格だったんで、よほど嫌なことじゃない限りは受け入れていました。

その頃の私は、将来は画家になりたいと進路指導で先生に相談したのですが「絵なんて生産性がないようなことを将来の目的にするな」と言われ、かなり意気消沈してしまいました。先生はそう言うけれど、うちの母親は音楽家で表現を生業《なりわい》にしていたので、表現という仕事が経済生産性がないからやらなくていい、という言い分には納得がいきませんでした。

母はそんな私の様子を見ていたんですね。自分が行けなくなったから代わりに行ってくれ、チケット代がもったいないからと、パリ往復のチケットを渡されました。

うちの母はシングルマザーでしたが、大胆で、直観力があり、石橋も叩かずに渡ってしまうような性格の人でした。何に対しても「やってみるまで分かんないじゃないのよ。やってみて失敗したらやり直せばいいのよ」という考えの人でした。それはたぶん、戦争という不条理と理不尽を経験してきたからだと思うんです。そういう母親に育てられたから、私も予定調和を期待もせず信じることもせず、かつ石橋を叩きすぎることはあまり良くないと思う人間になってしまいました。

というわけで、とりあえず行ってみてダメだったらまた戻ってくればいい。そんな感覚で14歳の一人旅も、17歳のイタリア行きも決断したように思います。

その勇敢さや大胆さが運を自分にもたらしたかどうかは別としても、少なくとも母の提案を実践してみようという決断があったからこそ、今の自分があるのは確かです。イタリアの美術学校に入って貧困生活を強いられながらも様々な人と出会って多くの経験をしたことも、同棲《どうせい》していた彼氏との間に子どもが生まれたことも、専攻していた油絵を一旦諦めて漫画の道に進むことにしたのも、その後14歳の一人旅で出会ったおじいさんの孫と結婚することになったのも、『テルマエ・ロマエ』という漫画を描いたことも、すべて旅に出る決断がもたらした結果です。

待っていても運は来ない。自分で行動を起こしたほうが運に当たる確率が高いというのは、そういった経験を踏まえても確かにあるような気がします。

飢えは多くのことを教える

ラテン語　multa docet fames「**飢えは多くのことを教える**」という格言も、ヤマザキさんは選んでいます。ヤマザキさんはイタリアでの貧困生活からいろんなことを学んだという話ですが、やはりこの言葉の通りでしょうか？

ヤマザキ　まさにこの言葉通りです。まるで私が生み出した格言のようです（笑）。あらかじめ貧乏覚悟で入った美術の道ですが、実際、本当に食べるものもなく、借金だらけになってくると、毎日が苦しくて仕方がなくなります。「なんでお金がないんだろう」「どうして自分はお金を得られないんだろう」という考えが次第に「なぜこの世に金なんてものがあるんだ」「資本主義はひどい」などと、どんどんアグレッシブなことを考えるようになって、性格も歪《ゆが》んでいきます。お金を持っている人を羨ましく思ったり、妬ましく思ったり。本当に明日どうなるか分からないくらい飢えた状態に置かれないと、芽生えてこない感情というのが実はたくさんあるのです。

社会から見捨てられたような疎外感、自分という存在を維持する苦しみ、理想の崩壊に伴う悲しみ、孤独感。最悪な感情ばかりですが、客観的に捉えると、これらの心情はすべて人間に備わっているわけです。なかったらもっと楽なのに、あるわけですよ。つまり、人間として生きていく上で経験しておいたほうがいい感情だということです。嫌だけど、免疫として身につければ自分も丈夫になるし、後で絶対役に立つ。それは言い切れます。

一回貧乏を経験すると、多くのことが怖くなくなります。「今ここで多少お金がなくなったとしても、最悪あの時の状況に戻るだけだし、ま、いっか」などと大胆になれる。その大胆さがまた、事態を打開してくれる。「運は勇敢な者の味方をする」に結びつきますね。

ラテン語　私の場合は、外国語をやっていることが「飢えは多くのことを教える」と、ある面では通じる気がします。学校の教科のなかでも、特に英語はそれができるだけで職にありつけるはず。そう考えて英語学習に力を入れたこと。これが今の仕事に繋がった実感があります。

これが他の教科では果たして自分がありつけるほど多くの働き口があるのか。もちろん語学以外の教科を否定はしませんが、少なくとも私の場合は、将来を見据《みす》えた時、それまで得意科目は数学だったにもかかわらず、英語に注力することを決断しました。

ヤマザキ　ラテン語さんのその話からも分かるように、飢えとは現在の経済的な困窮《こんきゅう》だけを意味しているわけではありません。

イタリア語で飢えは fame と言いますが、空腹の意味以外にも使われます。枯渇感とか渇望とか強い願望とか、そういった意味もある。見方を変えれば、要するに思い通りにならないことへの苦悩です。こうした苦悩に伴う他の感情、諦めや妬みや失意といったネガティブなものも含め、それはそれでプラスアルファである種のエネルギーを溜めることに繋がり、次のステップに繋がっていく場合もある。そういう解釈もできるのが、multa docet fames だと思います。

ラテン語　ヤマザキさんがイタリアでお風呂を渇望した経験が、『テルマエ・ロマエ』に繋がるというのも、まさに multa docet fames に当てはまるのではないでしょうか。

ヤマザキ　まさにその通りです。ポルトガルのリスボンにいた頃、築80年の古い家屋に暮らしていたんですが、床が抜けるかもしれないので浴槽は置けませんでした。お風呂に入れないと思うと、もうお風呂に入りたくて入りたくて仕方がなくて、湯に浸《つ》かっているじいさんの絵を描いていたら、まるで自分が入浴しているような疑似体験ができたんです。そこで思いついたのが『テルマエ・ロマエ』だったわけです。

当時のポルトガルには、私が銭湯に通っていた頃の、古き良き昔の日本に似た空気があったこと、それと、ちょっと遠出をすればすぐに古代ローマ時代の遺跡があって、そこには立派な浴場の跡があったこと、これも『テルマエ』を執筆するための大きなきっかけとなりました。そうした遺跡の浴場の跡地に行くと、ポセイドン神のような水回りにふさわしいモチーフの立派なモザイク画や、まだまだ使えそうな浴槽が放置されていて、それはもう悔しかったですね。なぜ営業してないんだ！と憤

ポセイドン
ギリシャ神話における海神。ローマ神話におけるネプトゥーヌスに該当。

慨してました。羨望に怒りや悔しみといった感情がない交ぜになってできた漫画ですから、何でも手に入る日本に暮らしていたらあんな漫画描いていませんね。

ラテン語　私にとってはそれが料理でしたね。飢えとまではいかずとも、働き始めのまだ貯金もなかった頃は、食費も切り詰めないといけないので、いかに安い食材で栄養のあるものを作るかという、料理の才能を教えられました。

ヤマザキ　分かります。料理を上達させるのは、おいしいものを食べたいという欲求と意欲ですよね。

プリニウス親子の勤勉

ラテン語　勇気、信念、大胆さ。努力がこうしたものを与える側面もあるのではないでしょうか。努力といえば、「nulla dies sine linea　「**線を引かない日は一日もない**」」という言葉があります。

ヤマザキ　プリニウスですね。

プリニウス
古代ローマの博物学者。23年～79年。ギリシャ・ローマの大量の文献から得た知識を整理した百科事典『博物誌』全37巻を残した。ヤマザキマリがとり・みきと共作した漫画『プリニウス』の主人公。甥と区別して大プリニウスと呼ばれる。

ラテン語　はい。画家アペレスについて言われた言葉がこのことわざになり、その由来をプリニウスが『博物誌』で伝えています。この言葉なんですが、私は高校時代にノートの表紙に書いていました。つまり受験勉強を毎日やろうという意味合いで書いていたんですが、今は原稿については線を引かない日は一日もない。一文字も書かない日は一日もない。

あるいはラテン語翻訳とかもやっている関係で、ラテン語を書かない日があるとどうしてもなまってしまうんです。よくピアニストが、毎日弾いてないと腕がなまると言います。それはどんなアスリートについても同じですが、私としてもラテン語を毎日書いてやっと自分のレベルを一定に保つことができる。それしか方法はないんです。

ヤマザキ　人間、知性を携えている以上、勤勉であれ、ということでしょうかね。私の漫画にも描いたように、プリニウスはとにかく知性に対しては妥協のない人だったので、一切合切脳を怠惰にさせるということなどなかったでしょう。当時のローマにおける知識人や教養人全体にそういう傾向はあったとは思いますが、プリニウスについては努力してそ

アペレス
前4世紀に活動した古代ギリシャの画家。アレクサンドロス3世(アレキサンダー大王)の宮廷画家を務めた。作品は現存しない。

うなったのではなく、勤勉は確実にあの人の性ですね。

芸術家の腕は結果を見れば分かります。古代ローマ時代に作られた造作物、建築物も彫刻もモザイクも絵画も、もちろん時代にもよりますけれど、特に芸術への志が強かった皇帝の統治時代、例えばプリニウスが生きていたネロの時代や五賢帝の時代には、何をとっても最高の技術水準による完成度のものばかり作られています。そのレベルに達するためには、長く修練と訓練を積んでこなきゃいけない。それこそ技能も知能も軍事力も何もかも、人間はここまでの可能性を秘めているのだ、ということを顕在化しようとしていた時代です。

特にハドリアヌスの時代は大きな戦争もなかったので、食べることよりメンタルの栄養のほうが求められていたというのもあります。『テルマエ』のルシウスがハドリアヌスの時代設定にしてあるのは、そのためです。戦争だらけで食うのにも困るような時世にフルーツ牛乳もシャンプーハットもあったもんじゃありませんからね。

戦争ばかりで明日どうなるか分からない状況において「線を引かない

ネロ
第5代ローマ皇帝。37年〜68年（在位：54年〜68年）。家族や側近を死に至らしめ、キリスト教徒を迫害したことなどから、暴君として知られる。

五賢帝
1世紀末から2世紀末までの、ネルウァ、トラヤヌス、ハドリアヌス、アントニヌス＝ピウス、マルクス＝アウレリウス＝アントニヌスの5人の皇帝。

日は一日もない」なんて発言しようものなら、何をおかしなことを言ってるんだろう、と思われてしまったでしょう。この格言が生まれた頃の統治者だったネロもまた本人が芸術家になりたい人だったこともあり、文化というものが重要視されていた時代こその言葉でしょう。

　プリニウスも、そして甥《おい》っ子の小プリニウスも本はたくさん読めばいいわけではなく、十分に読めみたいなことを言っていますよね。

ラテン語　aiunt enim multum legendum esse, non multa「**多読よりも精読すべきと言われている**」ですね。多読よりも精読。

ヤマザキ　まったくその通りだと思います。1冊の本を熟読するほうが、100冊速読するより入ってくるものがあるかもしれませんから。さすがプリニウスの家系はみんな勤勉ですね。

偉大な天才で狂気を含まない者はいない

ラテン語　またホラーティウスに戻ってしまいますが、citharoedus ridetur, chorda qui semper oberrat eadem「**いつも同じ弦《げん》で間違える琴弾**

小プリニウス
大プリニウスの甥であり養子。61年頃〜113年頃。大プリニウス同様に文筆に活躍。ポンペイを埋めたウェスウィウス火山（ヴェスヴィオ山）の噴火とそれに伴う大プリニウスの死を今に伝えている。

きは笑われる」、これも芸術に関わる格言ですね。

ヤマザキ　過信か練習不足かどっちかですかね。

ラテン語　一方で、間違えることは人間的なことである（errare humanum est）という格言もある通り、割と私は人のミスには寛容で、会社で働いている時も他の人がミスしようとも、あんまり私は怒らないんですが、同じミスを繰り返してしまう人についてはどうしても注意がきつくなってしまうんですね。

ヤマザキ　昨今は何でもハラスメントで訴えられてしまうから、他人に注意をすることすらできなくなってしまいましたからね。でもそんなんじゃその人のためにも、そして会社のためになりませんから、はっきり言ってあげたほうがいいですよ。このままではどんどん社会の質が落ちてしまいますから。

ラテン語　「いつも同じ弦で間違える琴弾きは笑われる」は、そういう意味で選ばせていただきました。ミスをしてもいいけれど、まったく同じミスを繰り返すのはどうかと。確かにヤマザキさんがおっしゃるように、過信もその理由の1つですね。

ヤマザキ　古代ローマでは、芸術家として、表現者として、第一人者であるには逸脱した技巧力と才能、そういうものを全部出し惜しみなく、しかも完成度の高い状態で出していかないと生き残っていけなかったはずです。皇帝がこういうものを作れって言ったら、その通りのものをやらないと命取りになってしまうような時代だと思いますよ。古代ローマと限らず、中国なんかでも皇帝のリクエスト通りのものを作れなかった表現者は処罰されてましたからね。

そんな時代だから、ホラーティウスは、間違えるような琴弾きが、変わらず琴を弾いていられること自体がおかしいなって思っていたかもしれませんしね。

ラテン語　逸脱した第一人者のお話で頭に浮かんだのが、nullum magnum ingenium sine mixtura dementiae fuit「**偉大な天才で狂気を含まない者はいない**」です。ヤマザキさんが選んでいたものですね。

ヤマザキ　これは真意です。狂気が何を意味しているかですけどね。特化した才能を持っている人はそもそも異端扱いをされますから、普通じゃない＝狂気、と捉えられているかもしれません。

ラテン語　ご自身、あるいはご自身の周りに、そういった方々がいろいろいらっしゃると思うのですが。

ヤマザキ　表現者として成功している友人で、今の仕事を辞めて普通に会社員ができそうな人を、私は一人も知りません。皆子どもの頃から異端児扱いされたり、何某《なにがし》かのトラウマやコンプレックスを抱えていたり。昨今はちょっと傾向が変わってきているけれど、もともと表現者になるような人は、疎外感や孤独感、特別視される辛さがベースになっていると思います。

それは過去も未来も変わりません。例えば昔だったらジミ・ヘンドリックスやジャニス・ジョプリンといったロックスターたちが圧倒的な影響力とカリスマで多くの人の心を動かしましたが、彼らは表現者たる苦しみと向き合ってもいました。マイケル・ジャクソンなんかもいい例ですね。だからオーバードーズや自殺、殺されたりなど、なかなか長生きしません。

家族がいて、いつも理解者がいて、お金に困ることもなく、という環境で生きている人は、何も満身創痍になってまで表現なんかしなくていいわけですよ。真似事《まねごと》や趣味の範囲では何か作ったりできても、ジャニスやジミヘンみたいに自分の魂を削りながらというのはありえないでしょう。

私が子どもの頃絵ばかり熱心に描いていたのは、孤独感や寂しさから気持ちを逸《そ》らすためでした。オーケストラの仕事で帰りがいつも遅い母を待つ心細さを絵を描いたり、本を読んだりすることで解消しようとしていたからです。昆虫が好きになったのも、当時暮らしていた北海道で、家のなかにいるよりも、外のほうが生命反応を強く感じることができたし、意思の疎通はできなくても、一匹でも一生懸命生きてる虫たちを見ていると、励まされるような気持ちになったからですね。

皆が皆そうではないでしょうけど、表現者は傷つきやすい人が多いし、繊細な人が多い。もしかしたらラテン語さんなんかもそうだと思いますが、群生の生き物でありながら、人間社会にどこか馴染《なじ》むことができなかったりする。そんな時、旺盛《おうせい》な想像力とクリエイティビティは最強の味方になってくれます。自分を励ますために生み出された創作物は、漫画でも音楽でも、エンターテインメントという人々を寄せる力になるわけですよね。

だけど今の世の中は物事を生む人たちに対し、清らかで正しいものしか求められない傾向が強い。人を集客する力のあるものを生み出す人が、歪んでいるようなことは許されない、という風潮が強い。クリエイターは人々の心を動かす影響力を持っていますから、神様のようでなければいけない、というイメージを象られてしまうのは当然です。でも実際、物が作られる世界というのはそんな綺麗事《きれいごと》ではない、ということです。

落語家やお笑い芸人さんなんかは、あれだけ人を笑わせる力があるのに、舞台を離れると、人見知りで寂しく孤独な人が少なくありません。彼らは周りの人を楽しませることで自らの寂しさを補っているのかもしれません。

野球選手のイチローは、高校時代、あまりにその才能が突出していて猛烈な疎外感と孤独を抱えていたそうで、あの感覚だけは二度と経験したくないと言っていました。分かりやすい例だと思います。

怒りがなければ表現は生まれない

ラテン語　facit indignatio versum「**怒りが詩を作る**」という言葉もヤマザキさんは選んでいます。これも通じるものがありますね。

ヤマザキ　以前、プロレスラーの棚橋弘至《たなはしひろし》さんと対談をした時に、プロレスというのは怒りの表現であって、その怒りの表現を見てみんなが楽しむんだという話をしてくださいました。

また、私の友達だった歌舞伎役者の中村勘三郎さんも、歌舞伎というのは怒りがないと演じられないと、生前におっしゃっていました。プロレスをかなり参考にしていたらしいですが、怒りという動力エネルギーを舞台で昇華させれば演技にも熱が入る。怒りというエネルギーの可燃性が、他よりも激しいのは確かです。一気に沸騰する鍋のような勢いがないと演じられない演目があるというふうにおっしゃっていましたが、とても納得ができました。

岡本太郎さんは「芸術は爆発だ」という有名な言葉を残してますけど、この言葉は決して大袈裟なことではなく、表現者は割と普通に感情エネルギーを爆発させているように思います。私も学生時代、自分の描き上げた絵を見て気に入らず、思い通りのものを作れない自分にムカついてその絵を破り捨てたことがありましたが、何かに没入すると損得勘定などしているゆとりなんてないのです。

ラテン語　芸術ではないんですが、それに似たようなことは私にも1つありましたね。高校時代に、英語の語源についてあまり信用ならないことを言っていた方がいたんですが、訂正しに行ったら「語源学は学問じゃないんだ」と語源学を否定されてしまったので、その怒りで英語の語源辞典を買ってむちゃくちゃ英語の語源に詳しくなりました。

それが語源についての発信や執筆に繋がっています。『世界はラテン語でできている』でものすごくたくさん英語の語源について書いたんですが、思い返せばそれに至る最初のきっかけは怒りでした。

ヤマザキ ラテン語さんもしっかり怒ってるじゃありませんか。安心しました。でもそういう怒りが、知性を動かす力になるのは間違いありません。穏やかな人であっても表現作品は生み出せるでしょうけど、中に込められたカロリーはかなり違うと思うんですね。

怒りで飽和状態になっている時って、ものすごい集中力が湧くじゃないですか。たぶん、怒ったラテン語さんが英語の語源を調べていた時って、かなり無我夢中だったと思うんですが、それが質感のある結果を導くのだと思います。

表現者には人に作品を提供するからには清らかで正しい人であってほしい、なんていうのは、腹立たしいほどご都合主義的で表層的な考え方でしかありません。

ラテン語 SNSとか見ていても本当にそれは感じます。清廉潔白《せいれんけっぱく》でないといけないという。

ヤマザキ 面倒くさい感情を持ちたくないだけなのかもしれません。自分にとって都合の良い正義をかざし、それに同調できない人を責める。
でも、先ほどの怒る人が消えてしまうと社会がダメになる話じゃないけど、毒素だと思えるものとも共存していかないと、健全な人間社会にはならないでしょう。とにかく、無菌室のなかで人に天才と思わせるような発想は生まれません。それだけは確信できます。ラテン語さんも、これからも大いに怒っていただきたいですね。

ラテン語　ありがとうございます。

第3章 恋愛指南

III

本章に登場する座右のラテン語

tristis《トリースティス》 eris《エリス》 si《スィー》 solus《ソールス》 eris《エリス》

あなたは一人でいると悲しくなる

オウィディウス『愛の治療』

nitimur《ニーティムル》 in《イン》 vetitum《ウェティトゥム》 semper《センペル》 cupimusque《クピムスクェ》 negata《ネガータ》

我々はいつも禁じられたものを求め、
拒まれたものを欲する

オウィディウス『愛の歌』

militat《ミーリタト》 omnis《オムニス》 amans《アマーンス》

愛する者は誰でも兵士である

オウィディウス『愛の歌』

quoque《クォークェ》 magis《マギス》 tegitur《テギトゥル》, tectus《テークトゥス》 magis《マギス》 aestuat《アエストゥアト》 ignis《イグニス》

隠していると、それだけ恋の炎は熱くなる

オウィディウス『変身物語』

omnis《オムニス》 amans《アマーンス》 amens《アーメーンス》

愛する者は皆正気ではない

ことわざ（テレンティウス『アンドロス島の女』にあるセリフが
元になっている）

III 恋愛指南

amantes《アマンテース》 amentes《アーメンテース》

愛する者たちは狂っている

ことわざ（テレンティウス『アンドロス島の女』にあるセリフが元になっている）

varium《ウァリウム》 et《エト》 mutabile《ムータービレ》 semper《センペル》 femina《フェーミナ》

女は常に移り気で変わりやすい

ウェルギリウス『アエネーイス』

odi《オーディー》 et《エト》 amo《アモー》

大嫌い、そして大好き

カトゥッルス『詩集』

vivamus《ウィーウァームス》 mea《メア》 Lesbia《レスビア》 atque《アトクェ》 amemus《アメームス》

レスビアよ、生きようではないか、愛そうではないか

カトゥッルス『詩集』

omnia《オムニア》 vincit《ウィンキト》 amor《アモル》

愛はすべてに勝つ

ウェルギリウス『牧歌』

omne《オムネ》 tulit《トゥリト》 punctum《プーンクトゥム》 qui《クィー》 miscuit《ミスクイト》 utile《ウーティレ》 dulci《ドゥルキー》

有益を快楽に混ぜるものが全票を獲得する

ホラーティウス『詩論』

恋愛アドバイザー、オウィディウス

ヤマザキ　中庸のすすめで取り上げたオウィディウスは、恋愛詩集など男女のあり方を取り上げた作品でもよく名前が知られていますよね。なので、やはり愛についての格言が非常に多い。

私は tristis eris si solus eris「**あなたは一人でいると悲しくなる**」、nitimur in vetitum semper cupimusque negata「**我々はいつも禁じられたものを求め、拒《こば》まれたものを欲する**」、militat omnis amans「**愛する者は誰でも兵士である**」の3つを、ラテン語さんは quoque magis tegitur, tectus magis aestuat ignis「**隠していると、それだけ恋の炎は熱くなる**」をオウィディウスの恋愛の格言として選んでいます。

オウィディウス以外に目を向けても、omnis amans amens「**愛する者は皆正気ではない**」、amantes amentes「**愛する者たちは狂っている**」、varium et mutabile semper femina「**女は常に移り気で変わりやすい**」などと、かなり愛を客観的に捉えているものも多い。古代ローマの人たちは日常的に愛に振り回され、奔走していたことが垣間見えてきます。

ラテン語　amantes amentes はテレンティウスが書いた喜劇のセリフが元になったフレーズで、洒落《しゃれ》になってますよね。amans と amens、amantes と amentes で一文字だけ違っています。

誰かを愛する時に正気でいられないというのは、確かに当時もそうだと思いますし、現代においても、こと恋愛が関わってくると、今までにない一面を良くも悪くも人は見せるものだろうと思っています。

穏やかな人だと思っていた友人でも、恋人にはすごいことを言っていたり、あるいは恋人から言われていたり。今までに言ったことのないような激しい言葉を言ったり、あるいは手を出してしまったりとか。

ヤマザキ　こうした格言が生まれた当時はまだキリスト教的倫理が浸透していたわけではないですから、男女関係に関しては結構みんなそこはリベラルに生きていますよね。

ラテン語　愛人を何人も作ったりだとか。

ヤマザキ　今のモラルで考えると愛人なんてとんでもない、というのがありますが、日本だってつい100年前くらいまではお妾《めかけ》さんがいる男性は珍しくなかったし、一夫多妻の国もあるわけですから、大騒ぎをするようなことではありません。ただ、リベラルな分だけ、皆嫉妬心だの妬みだのが錯綜《さくそう》してすごいことになっていたと思います。例えば、カエサルの女性好きは有名ですが、自分が借金をしている貴族の奥さんと仲良しになったり。でもカエサルは人たらしなので、夫も何も言えなかったと言われています。ああ、カエサルなら仕方がないか、と諦める。

カエサルの例はともかく、古代ローマ時代の愛情は現代よりも奔放な分だけ扱いづらい、コントロールの難しいものだったっていうことがよく分かります。そうした錯綜が凄《すさ》まじかったからこそ、のちにキリスト教が恋愛関係を制約する力として働きかけてきたのではないでしょうか。

odi et amo「**大嫌い、そして大好き**」という言葉もそうですが、愛情に翻弄《ほんろう》されて二進も三進もいかなくなっているような格言が結構ありますよね。でもそこがとても人間的。古代ローマは愛憎の時代と捉えられていますが、こうした格言越しに彼らのエネルギッシュな恋愛観が垣間見えるのは面白いですね。

ラテン語　今挙げていただいた「大嫌い、そして大好き」、これはカトゥッルスの恋愛詩にあるものです。その後に「なぜかと君は聞くが、私には分からない。ただそう感じるだけ。胸が苦しい」とあります。

ヤマザキ　愛情が自分の冷静さを蝕《むしば》んでいる感じがよく読み取れますね。そういえば、オウィディウスで有名な著作に『恋愛指南書』というのがありますよね。あれも凄まじい内容だったような。

ラテン語　はい、そうです。Ars Amatoria『恋愛指南』ですね。

ヤマザキ　あの本はローマでも話題になっていたらしく、多くの人が読んでいたようで、私も『プリニウス』で主人公が若かりし頃女性との付き合い方を学ぶために、この本を読んでいるというシーンを描きました。『恋愛指南』は『恋の技法』とも訳されていますが、かなりエグいことも書かれてます（笑）。この本を読む限り、古代ローマの人々は常にどこかで自分の心を躍らせる出会いがあるかもしれない、と思いながら過ごしていた印象を持ちますが、バブル時代の日本もそれに近いですね。

カトゥッルス
共和政ローマ期の詩人。紀元前84年頃〜前54年頃。ギリシャ抒情詩の形式をラテン語詩に取り入れた。

恋愛指南
全3巻。前半2巻は男性向けに、残る1巻は女性向けに書かれた。不道徳性がアウグストゥス帝の怒りを買い、オウィディウス追放の一因になったとされる。

誰にせよ この民のうちで 愛する技術を 知らぬもの あれば これを読むが よい
…技術によって 愛もまた 支配されねば ならない
鼻の穴の中には 毛を一本も 立てておかない ようにしたまえ
……

ヤマザキマリ&とり・みき『プリニウス 11』(新潮社)

円形劇場（コロシアム）へ見世物の見物に出かけた時にどうやって殿《との》方《がた》を振り向かせたらいいか、どうやってお目当ての女の人に近づいていけばいいいか。人前でのそのような振る舞い方をガイドラインとして書いてある本が売れるというのはなかなかですが、バブルの時代の日本も女性誌なんかはそんなネタで満載でしたから。懐かしいなあ。まあ、古今東西、恋愛に関して人の考えることはどこもだいたい同じということでしょう。

ラテン語　『恋愛指南』には、どんな小さな埃《ほこり》でも取ってあげてそれをアピールしなさいとか、そういうことまで書いていますね。

ヤマザキ　かなりどうでもいい、そんなことで女が振り向くわけないだろう、みたいなこともいっぱい書いてあって、なかなか楽しいです。他にも、女の人の焦《じ》らし方とかね。好きだからといって、アグレッシブに突撃などせず、相手を目いっぱい焦らしなさい、といった感じのことが書いてあったり。それは今でも通用することかもしれませんね（笑）。

禁じられた恋

ヤマザキ　私たちが選んだオウィディウスの恋愛についての格言を1つずつ振り返ると、現代を生きる私たちの理解の核心を突いているものも多い。「我々はいつも禁じられたものを求め、拒まれたものを欲する」というのは、例えば既婚者を好きになることを指していると理解できます。

「愛する者は誰でも兵士である」というのも、その通りですね。恋愛ほどボロボロになるような感情なんてなかなか他にはありませんから。誰かを好きになった、と思ったら戦う覚悟を持たないと、ボロボロになっちゃいますからね。昨今の日本の若者はそれが面倒だから、異性とは付き合わず同性の友達同士でわいわいやってるほうがいい、という傾向が強いようですけど、とにかく恋愛感情というのは厄介なものなんですよ。

それはそうと、「隠していると、それだけ恋の炎は熱くなる」をラテン語さんが選んだのはちょっと気になりますね。

ラテン語　どうしても内に秘めたるものというか、そういうものを触れずにおこう、口に出さないでおこうと思えば思うほど、それに思考が駆られてしまうのかなと。

ヤマザキ　確かに恋に限らず、秘密なんかもそうですね。漏らしてはいけない、と言われると、逆に誰かに言いたくてしょうがなくなる、みたいなことはありますものね。隠し事にまつわる人間の性質をよく表していると思います。

ラテン語さんの人間性がだんだんよく分かってきたような気がします。怒りも、溜めておくんだけど溜めておく分だけ、自分のなかで見返してやるエネルギーに繋がるとおっしゃっていたのと、恋愛も同じことなんでしょうね。

ところで「隠していると、それだけ恋の炎は熱くなる」は、何かの引用ですかね？

ラテン語　オウィディウスの『変身物語』からの一節です。二人は両想いだけれど、親たちが反対していて、なかなか結ばれない。そういうシチュエーションです。

ヤマザキ　なるほど、ロミオとジュリエット的な、要するに、規制された恋ということですね。本人たち同士は良くても家族が許さない、とかそういったことは古代ローマ時代もあったでしょうから。友人の妻を好きになっちゃった、というのも当てはまりますね。

こうした奔放な恋愛事情があらわになった言葉に出合うと、ローマ時代の人々がキリスト教のような宗教の倫理の力を借りずとも、混乱をきたさないように、いかに自らをコントロールしようとしていたかが分かります。恋愛感情を野放しにすると大変な混乱が発生することが分かっていたから、問題を回避するためにこういう本を読むことで自制を図ったり、自らを慰めたりしていたのでしょう。

愛すること、生きること

ラテン語　オウィディウスの次は、カトゥッルスについてもお話しできればと思います。

ロミオとジュリエット　シェイクスピアの戯曲。1595年頃成立。イタリアの仇敵同士の家に生まれたロミオとジュリエットの悲恋を描く。

カトゥッルスは vivamus mea Lesbia atque amemus「**レスビアよ、生きようではないか、愛そうではないか**」のように前向きな言葉がある一方で、先ほど出た odi et amo「大嫌い、そして大好き」のような重い詩も残していて、そのギャップが面白い。かわいそうではあるんですが、読んでいて面白い詩人です。

自分のことを振った女性への不満をたらたら述べている詩もあります。「悲しくなるのは君のほうだからね。君はこれからどんな男に言い寄られるんだろうか。いや、君に寄ってくる男なんて今後現れないんじゃないか。どうせキスもされないんだろう」のように、心のいじけた負け犬の遠吠《とおぼ》えみたいなものをはっきりと詩に書いて残しているんです。

ヤマザキ　往生際の悪い人だったのが見え見えですね（笑）。格言というのは、どんなにカッコいい言葉を残してみても、どこかでその人の人格が丸出しになってしまうところが面白いと思います。カトゥッルスはきっとプライドが高い人だったのでしょう。こういう人を恋人にすると大変そう。

ラテン語　本当にそうですね。「もう終わった恋なんだから、お前はそんな恋心など捨てるべきなんだ」とか、わざわざ詩に書いて自分自身に向けて言い聞かせている。

ヤマザキ　未練がましくて面倒な人ですが、青春時代にありがちな、夜に書いた日記やラブレターを朝見てみると恥ずかしくなる、というようなことでも、この人たちはいつも堂々とやっていたのだから、大したものです。自分も若い時に書いた手紙や日記を見ると、消えていなくなってしまいたいと思ったりしますが、この人たちの格言は、2000年あとになってもこうして公衆に晒《さら》されてるんですからね。でもこの人たちはそれが逆に嬉しかったりするのかもしれない。

ラテン語　恋の悩みはどんな薬でも治せないというのは本当によく言ったもので、こんなに人の心を狂わせるものっていうのは、恋以外にないと思います。

ヤマザキ　ローマ人は、恋愛感情を人としてとても大事な感情と捉えて向き合ってきたんだと思いますね。狂気でもあるし、疲弊もするけれど、同時に他の感情じゃ賄《まかな》えないくらいの大きな生きる喜びを満たしてくれる側面もあるからなのでしょう。

ラテン語　ローマ人が残したある墓碑《ぼひ》に、「浴場と酒と愛欲は身を滅ぼすが、それらが人生を作る」とありますね。やはり愛欲がないと生きていけない。

ヤマザキ　いいこと言ってますね(笑)。まさに燃費が悪い生き方を肯定する格言ではありませんか。昨今の若者たちが最も避けて通ろうとしているコンテンツですよ。

東京都は少子化対策でマッチングアプリを作ることにしたでしょう。古代ローマ人的目線で見ると、日本という国家をも脅《おびや》かしかねない、かなり危機的状況だと言えます。

うちの息子なんかに聞いても、「恋愛は自由を拘束されるしめんどくさい」「相手の我儘《わがまま》に翻弄されるのが嫌だ」「友達とつるんでるほうがよほど満たされるし楽しい」のだそうです。彼の友人も、また私の友人の同年代の息子さんもそっくり同じことを言っていたと聞きました。恋愛

マッチングアプリ
二人の対談より前に、東京都は婚活支援のためのマッチングアプリを開発中であることを発表。「TOKYO縁結び」の名前で2024年9月に運用が開始された。都内在住・在勤・在学の独身者が有料で登録でき、AIによるマッチングで相手を紹介する。

はむしろ人生を破綻させる脅威みたいな解釈になってたりするんですよ。

ラテン語　私の周りにもそういう人は結構います。そういう生き方も現代においては1つの方法ではあると思うんですが、ただやっぱり恋愛の楽しさ、コスパみたいなものでは測れない楽しさというのもありますね。

ヤマザキ　ハドリアヌス帝にしても、フィレンツェ・ルネッサンスのパトロンだった資本家ロレンツォ・デ・メディチにしても、同じことを言っています。先述した「ゴンドラの唄」の「いのち短し恋せよ乙女」は普遍的な一節ですよね。ただこの先継承されていくかどうかは危ういような気がしてきました。

常に変って定まらぬ、ものこそ女ぞ

ヤマザキ　omnia vincit amor「**愛はすべてに勝つ**」という格言があるじゃありませんか。あれは誰の言葉でしたっけ。

ラテン語　ウェルギリウスの詩のなかにあるものです。

ヤマザキ　ああ、なるほどね。varium et mutabile semper femina「女

ロレンツォ・デ・メディチ　フィレンツェを支配したメディチ家の当主。1449年〜1492年。ボッティチェリやミケランジェロ、レオナルド・ダ・ヴィンチといった芸術家のパトロンとして、ルネッサンスの最盛期を支えた。

は常に移り気で変わりやすい」と同じウェルギリウスですね。時代は違いますが19世紀のイタリアの作曲家、ヴェルディのオペラ『リゴレット』の中でも、「女は移り気」ということが歌われています。「女は常に移り気で変わりやすい」。どの時代の殿方も皆同意見だということでしょう。

ラテン語　これはウェルギリウスの『アエネーイス』という詩のなかにあるものです。

より具体的には、アエネーイスの夢に出てくる人物が彼に忠告するセリフのなかの言葉です。アエネーイスはディードーというカルタゴの女王と仲良くなって、そこへ向かうようにと運命によって定められた新天地イタリアへ渡る気配を見せない。そこで夢に出てきた人物が、早くイタリアに行きなさいと忠告するにあたって、こういうことを言うんです。

私自身は女性でないので、女心が分かる自信がないのですが、「女は移り気」というのは、ヤマザキさんは同性として実感されますか？

ヤマザキ　女性の立場としてですか？　うーん、自分ではそれは分から

ヴェルディ
イタリアのロマン派作曲家。1813年～1901年。オペラを多く作曲し、オペラ王として知られる。『リゴレット』の他に『椿姫』『アイーダ』など。

リゴレット
1851年初演、ヴェルディ中期の代表作。全3幕。道化リゴレットの復讐と悲劇とが描かれる。

アエネーイス
ウェルギリウスが約11年をかけた大作にしてラテン語文学の最高峰。トロイの英雄アエネーイ

ないですね。少なくともそういう自覚はあまりありません。持ってるものを買い替えたりするのあまり好きじゃないです。それにこれは男性から見た女性の言葉ですからね。そもそも私はあんまり女性らしい要素がないものですから……。

でも、確かに周りの女性を見ていると移り気で変わりやすい人は少なくありません。うちのイタリアの小姑《こじゅうと》は今でこそ落ち着きましたが、かつてはしょっちゅう彼氏を取り替えていました。嫌な部分が少しでも見えてしまうと、もう修正不可能なのだそうです。

こうして考えると、私が知らないだけで、女について書かれているローマの格言はいっぱいあるのかもしれません。何せ古代ローマの女性というのは本当に強いですからね。『プリニウス』にも出てくるネロのお母さんであるアグリッピナも一筋縄では行かない人でしたし、既婚のネロを略奪して妻の座についたポッパエアも、権力欲に突き動かされていたからにせよ、やはり移り気な人だったのではないかと思います。

――クレオパトラ然り、力のある男たちを翻弄してきた歴史上の女たちは、

スがローマ帝国の礎を築くまでを描く建国叙事詩。全12巻。

ディードー
フェニキアの都市国家カルタゴを建設した伝説上の女王。

カルタゴ
フェニキア人がアフリカ北部に建設した古代都市。現在のチュニジアにあたる。ローマと地中海覇権を巡って争い、紀元前146年、第3次ポエニ戦争により滅亡。

だいたいそんな感じだったりするんじゃないですかね？　もちろんそうじゃない女性たちだってたくさんいたでしょうけど。私はたぶん、あまりこの言葉には当てはまらないと思います。ただ、この人といると疲弊する、もうダメだ、と思うと男女構わず唐突にシャッターが下りて関係が断絶される。それもひょっとして移り気っていうんですかね（笑）。

ラテン語　『アエネーイス』の和訳ではどうなっているか、見てみましょう。実は、岩波文庫の和訳は、七五調になっているんです。ラテン語の韻文を、すべて七五調で訳しきっているのです。和訳自体がハイレベルな芸術作品と言えると思います。翻訳の凄《すご》みに、私はかなりの衝撃を受けました。

この和訳では「常に変って定まらぬ、ものこそ女ぞ」（泉井久之助訳）となっています。七、五、七と、やはり七五調です。

ヤマザキ　女ぞ、って（笑）。相当こりごりしていないと出てこない言葉ですね。思いつきで出てくる言葉じゃない。ウェルギリウス自身がおそらくいろんな目に遭っていたのかもしれませんね。だけど、これに共感

クレオパトラ
古代エジプトのプトレマイオス朝最後の女王。クレオパトラ7世。紀元前69年～前30年（在位：前51年～前30年）。カエサルの愛人、マルクス・アントニウスの妻として、その力を借りた。アントニウスの敗死を受けて自殺。絶世の美女として有名。

泉井久之助
言語学者。1905年～1983年。ラテン語文法を教授する『ラテン広文典』（白水社）が2024年に新装版として復刊した。

する男性たちもかなりいたんだと思います。だからこうして2000年もの間語り継がれてきたわけですよね。

ラテン語　2000年前の1万行くらいある詩のなかで、この行が有名になり、後世のオペラでも同じことが歌い継がれているというのは、2000年の歴史のなかで同じように考える男性がたくさんいたのでしょう。

ヤマザキ　オペラにまで使われるようになったということは、大衆で分かち合える言葉だったということです。つまり「女は移り気で変わりやすい」という言葉は非常に説得力のある、真意を突いた格言であると言えるでしょう。

「愛はすべてに勝つ」の真意

ラテン語　先ほど話題に上ったomnia vincit amor「愛はすべてに勝つ」についても深掘りできればと思います。この格言は今では肯定的なニュアンスで耳にすることが多いですが、原典ではどうでしょうか。

これはウェルギリウスはウェルギリウスでも、『アエネーイス』より前に書かれた『牧歌』に出てくる言葉です。どういう文脈かというと、恋に疲れてしまったガッルスという登場人物が、愛の神は万物を征《せい》する、つまり愛の神に勝てるものは何もないから、我らも愛の神に身を任せようではないか、そういった流れになっています。

失恋をした人の諦めの言葉なんですね。その言葉が独り歩きして、時代を経《へ》るにつれて愛に対する肯定的な言葉として捉えられるようになってきたというわけです。

ヤマザキ　なるほど、原典ではそうなっているんですね。ただ、諦めだとしても楽観的な見解の言葉としても捉えられますよね。この時代の女性には、何はともあれ愛があればいいじゃないかという姿勢に共感できる人はあまりいなかったと思うんですよね。生き延びるためにはまずお金がなきゃいけない、財産がなきゃいけない、できれば名声も欲しい。家族間で決められてしまう政略結婚も多かった時代ですから。

そうした現実的な価値観に比べると、ウェルギリウスはかなりロマン

牧歌
ウェルギリウス初期の作品。10篇の詩を集めた詩集。

チストだったのだなと思うところもありますね。

ラテン語　女性の詩人が当時はほとんどいなかったんですが、多くの作品が現代まで伝わっていれば当時の女性目線での恋愛が一層《いっそう》よく分かって面白かったかもしれません。

ヤマザキ　ウェルギリウスは体が弱く、恥ずかしがり屋で、乙女とあだ名されるほどの女々しい人だったそうです。他の人なら気にしないようなことでも傷つくような、かなり繊細な男性だったんじゃないでしょうかね。オウィディウスが指南するような世界観とはまた全然違っていて興味深いです。

オウィディウスはどちらかといえば実務性や実用性が高い現実的な恋愛の格言を残しているけれども、ウェルギリウスは自身の作品と同じように、自身も女性関係では散々な目に遭ってきたのかもしれません。

今の時代であっても「愛はすべてに勝つ」なんて言葉は、んなわけないだろ、と聞いて引く人もいるでしょう。でも、それだけ傷ついてきた人だからこそ『アエネーイス』のような大河ドラマを書くことができたのかなとも思います。

『続テルマエ・ロマエ』のラテン語表現

ラテン語　ちなみにヤマザキさんご自身はどのような恋愛を？

ヤマザキ　ははは、私の恋愛体験ですか（笑）。

子どもの頃の私といえば、生きている人間にはあまり興味がなくて、昆虫や動物ばっかり。あとは本ばかり読んでいましたが、素晴らしいなと思う作者はもうあの世の人だったりしてましたから。現実に生きている男性にはなかなか関心が湧かなかったのです。母子家庭で家に男性という存在がいなかったことも関係しているのかもしれません。

でも結局、イタリアに行って、最初に暮らすことになった人は、それこそ、古代ローマ時代以前から延々と存在し続けてきた詩人でした。その人と11年間一緒に過ごしましたがそれこそラテン語の格言や詩文もたくさん教えてもらいました。けど、あまり積極的に思い出したくなるような11年とは言い難《がた》い。自分のエッセイなんかでも、実はこの時代のことはあまり触れてないです。

私は当時17歳、向こうは21歳。4歳年上でしたが、しょっちゅう喧嘩をしていました。喧嘩というより、一方的にガミガミ不平不満をぶつけられる感じですかね。詩人は何せ語彙が罵詈雑言《ばりぞうごん》含めて実に豊富なので、お行儀のいい日本語しか知らない私は、そんなことまで言われるのかと打ちのめされちゃうんですよね。とにかく、そんな状況に打ちひしがれないために、必死になってイタリア語での表現を学びました。

イタリア語は、恋愛表現も豊富です。愛情を示す言葉がものすごくたくさんある分だけ、人を傷つける言葉も山のようにあるので、日本語はそれに比べたら穏やかでやさしい言葉だと常々感じています。イタリア人と恋愛をすると、先ほどのウェルギリウスみたいな、人生をデコレーションしてくれるような言葉をたくさん耳にしますけど、同時にたくさん傷つきもするということです。ちなみに今の旦那はとても穏やかな人なので安泰《あんたい》です（笑）。

とにかく漫画であろうと映画であろうと恋愛ものはあんまり得意じゃ

ないんで、『テルマエ・ロマエ』の4巻以降に出てくるさつきという女性も、編集者に言われて無理やり登場させた女性です。漫画には恋愛がないと読者が楽しめないと言われて、頑張って自分としては可愛《かわい》らしく描いたつもりなんですが、描くのが結構苦痛でした。本当はラテン語で通じ合う相手として爺さん考古学者を出したかったんですよ。とはいえさつきはルシウスの伴侶となった女性ですからね。『続テルマエ・ロマエ』にも登場しますよ。

そんな『続テルマエ・ロマエ』ですが、ラテン語さんと対談したことも影響して、結構ルシウスのモノローグや会話にラテン語の表記を取り込んでいます。それにしてもラテン語というのは発音が難しいですね。時代でいろいろ変化していますし、現代ラテン語の読みとも違いますから。

ラテン語　先ほどおっしゃっていた、弘法大師のコウがQUO《クオ》になっているのはすごい面白いなと思いました。

ヤマザキ　あれは『クォ・ヴァディス』がインスピレーション源でして、

クォ・ヴァディス
ポーランドのノーベル賞作家シェンキェヴィチによる、ネロ帝治政下を舞台にした歴史小説。1951年のハリウッド映画版が有名。クォ・ヴァディス(Quo Vadis)という言葉自体は、新約聖書にあるラテン語。

QUOという語並びほどラテン語的なものがあるだろうか、と思って使ってみました。まあ、ルシウスにはそういうふうに聞き取れちゃった、ということにすれば、いいかなと思いまして。あと、ルシウスが驚くシーンの数字もラテン語にしてみました。

ラテン語　ローマ数字で書いてましたよね。

ヤマザキ　若く見える女将《おかみ》さんが60歳を超えていると知って驚くシーンですね。

ラテン語　LXにセクサーギンターとルビを振っていましたね。

ヤマザキ　なぜか、あそこで爆笑したという人が結構いたらしい。なぜなのかよく分かりませんが、ラテン語を面白く活かすということが漫画でできるという発見になりました。

有益を快楽に混ぜるものが全票を獲得する

ラテン語　表現について話しているなかで触れておきたい格言があります。ホラーティウスの omne tulit punctum qui miscuit utile dulci「**有益を**

快楽に混ぜるものが全票を獲得する」です。

ヤマザキ　これはいろんなことに応用できる言葉だと思いますね。結局人というのは皆、快楽を求めているということなんでしょう。

ローマ帝国がどうやってあそこまで大きくなれたのか、要はやはり〝快楽〟です。属州に置かれる土地の人々は、ローマが浴場だの劇場だのと奉仕してくれると、抗《あらが》えなくなってしまうわけですよ。今より明らかに生きていることが楽しくなりそうだ、と思うと譲れない気持ちになるでしょう。我々日本人も戦後ＧＨＱが介入したあたりから、アメリカの音楽や映画や食べ物をじゃんじゃん導入し、それで人生のクオリティが上がったように感じていた人たちは大勢いたはずです。

ホラーティウスのこの格言には、快楽をもたらすものに人々は服従してしまうという意味も含まれているのだと私は捉えますね。

そのほかにも為政者など力がある人が、同意を得られない人によく使うハニートラップなんかも、また快楽に弱い人間の弱みを突いた作戦ですよね。だから、快楽は危険だから禁じなければならないとする思想や倫理が生まれてくるわけですよ。

ラテン語　例えば、ためになる授業であったとしても、知識だけだと味気ないものになってしまうので、少し逸脱した楽しい雑談も混ぜつつ、生徒の集中力を絶やさないとか、生徒に人気のある授業を作っていくとか。有益なものに、何か快楽というか喜ばしいものを混ぜる。どう伝えるか、ということに示唆を与える重要な言葉だと思います。

ヤマザキ　私の『テルマエ・ロマエ』にしても、古代ローマの歴史について書かれた書籍はそれまでだってたくさん出ていましたが、皆カタカナの名前だの地名を覚えるのが苦手だとか言ってそれほど関心を持とうとしない。ところが、導入口をお風呂とコメディという組み合わせで敷居を下げてみたところ、多くの人たちが普通に古代ローマの世界に入ってきてくれました。ヒットした時は確かにこの格言通り有益に快楽を混ぜたもので全票を獲得する、という気持ちになりましたよ。真面目に古代ローマ研究をしている人にとって、私はちょっと嫌な存在だったと思いますけどね。

ラテン語　私は今、ラテン語をカルチャーセンターで教えているんですが、授業のなかで何か少し面白いことを混ぜつつ、全票を獲得しようと思います。日本にラテン語の文法を根付かせて、ラテン語を学ぶということがごく普通のことになる世の中を目指しています。

ヤマザキ　いいじゃないですか。でも、自分たちだって結局は楽しく深いことを学びたいと思っているわけですからね。ぜひ、全票を獲得しましょう。

ラテン語　はい、ぜひ獲得したいです。

IV

第4章 ラテン語の表現世界

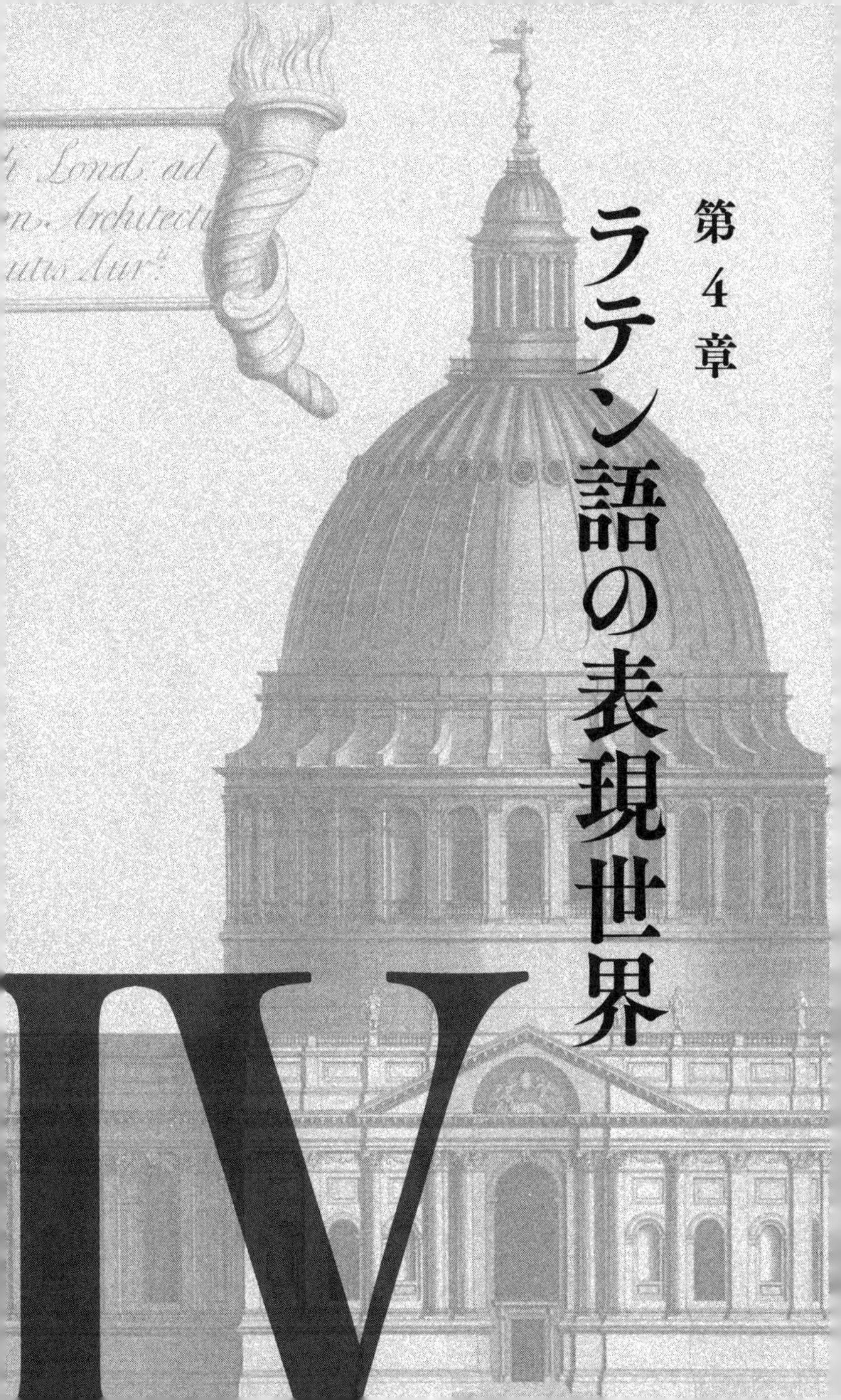

本章に登場する座右のラテン語

abiit《アビイト》 ad《アド》 plures《プルーレース》

より多くの人々のもとへ行った（亡くなった）

ペトローニウス『サテュリコン』

auribus《アウリブス》 teneo《テネオー》 lupum《ルプム》

私は狼の両耳を掴んでいる（危ない状況にある）

テレンティウス『ポルミオー』

uno《ウーノー》 saltu《サルトゥー》 duos《ドゥオース》 apros《アプロース》 capere《カペレ》

一つの森で二頭の猪を捕まえる

ことわざ（プラウトゥス『カシナ』のセリフが元になっている）

in《イン》 vino《ウィーノー》 veritas《ウェーリタース》

酒に真実あり

エラスムス『格言集』（ギリシャ語のことわざのラテン語訳）

fecundi《フェークンディー》 calices《カリケース》 quem《クェム》 non《ノーン》 fecere《フェーケーレ》 disertum《ディセルトゥム》?

溢れる杯が雄弁にしなかった人があっただろうか？

ホラーティウス『書簡詩』

IV ラテン語の表現世界

tempus《テンプス》 omnia《オムニア》 medetur《メデートゥル》

時間がすべてを解決する

ことわざ

si《スィー》 monumentum《モヌメントゥム》 requiris《レクィーリス》, circumspice《キルクムスピケ》

（彼の）記念碑を探しているのであれば、周りを見ろ

クリストファー・レンの墓碑

magna《マグナ》 civitas《キーウィタース》 magna《マグナ》 solitudo《ソーリトゥードー》

大きな都会、大きな孤独

エラスムス『格言集』

totus《トートゥス》 mundus《ムンドゥス》 agit《アギト》 histrionem《ヒストリオーネム》

全世界（の人々）は役を演じている

ソールズベリーのジョンによる『ポリクラティクス』にある文が
元になっているフレーズ

「より多くの人々」とは？

ラテン語　ここからは趣向を変えて、テーマや作者ごとに語っていくというより、注目すべきラテン語表現を見ていきたいと思います。

まず、**abiit ad plures**「**より多くの人々のもとへ行った（亡くなった）**」。「より多くの人のもとへ行った」というのが直訳なんですが、今この世界に生きている人よりも過去に亡くなった人のほうが多いので、つまり天国に行った、亡くなったという意味になるんですね。

英語でも古い言い方ですが、go to the silent majority というフレーズがあって、the silent majority というのが「言葉を発さないより多くの人々」、つまり「亡くなったもの言わぬ人々」ということで、このラテン語と同じ意味になります。直接的ではないけれど、ただし意味が伝わる。言葉遣いの面白さがあります。

ヤマザキ　ラテン語の言葉というのは、翻訳によって私たちに届きやすい言葉に変換されているけど、含意《がんい》に富んだ言葉が多いですよね。こちらも想像力を豊かにしないと意味が分からない文言もたくさんある。そうした奥行きがあるから、受け取る人の人生観や経験値によって解釈も違ってきたりすると思いますね。

go to the silent majority よりも短く、abiit ad plures という簡潔な3語で言ってしまっているのもいいですね。亡くなった人に対しての寂しさや悲しみもあるけど、多くの人のもとに旅立ったのだから、それでいいじゃないかという気持ちにもさせられる。身近な人の死についても、そして自分にもいずれ必ず訪れる死についても深く考えさせられる言葉ですね。

ラテン語名句に見える動物たち

ラテン語　また別の表現としては、auribus teneo lupum「**私は狼《おおかみ》の両耳を掴《つか》んでいる**（**危ない状況にある**）」を取り上げます。

これはテレンティウスの書いた喜劇に登場するフレーズです。狼の両耳を掴んでいるというのは、手を離してしまえば狼に食われるという状況です。ただ、掴み続けることも難しいので、もう打つ手なしというか、進退窮《きわ》まる状況にあるということを言っています。喜劇のセリフにふさわしく、とてもウィットに富んだ表現です。

ヤマザキ　現代のイタリア語でも、In bocca al lupo!「頑張って！」という表現がありますね。直訳すると「狼の口のなかへ」となりますが、命がけで頑張れ、というニュアンスになります。こうした古代の格言には、狼などの動物の比喩が多いのですか？

ラテン語　試しに我々二人ともが持っている『ラテン語名句小辞典』から洗い出したところ、ロバと狼が最も多かったです。

ヤマザキ　ロバと狼か。古代ギリシャ時代に生まれたイソップ寓話にも出てきますけど、納得です。

ラテン語　ロバは愚かさの表象として使われることが多いようです。

ヤマザキ　ロバは未だにそのような扱われ方をしていますね。あんなに慎ましくて勤勉な動物なのに、なぜなんだろう。立場的に人間に使われる動物だからでしょうか。私は大好きで『続テルマエ・ロマエ』にも登

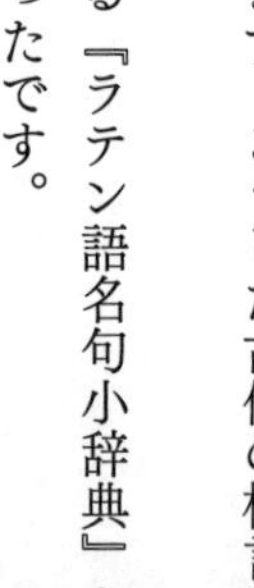

野津 寛 編著『ラテン語名句小辞典』（研究社、2010年）

イソップ寓話
イソップ物語、イソップ童話なども。古代ギリシャのイソップ（アイソーポス）が作ったと伝えられる。様々なバリエーションが存在する。

場させています。

ラテン語　一方、狼は怖い動物。

ヤマザキ　狡猾《こうかつ》な人の比喩として使われることが多いですよね。

ラテン語　そうですね。例えば「羊を狼に預ける」と言うと、信用ならない人に大切なものを預けるという意味になります。ローマ人が何を怖《おそ》れていたか、狼をいかに怖れていたかが窺《うかが》えます。

ヤマザキ　イメージは今も昔も変わらないですね。ピンク・レディーの「S・O・S」を思い出します。

ラテン語　「男は狼なのよ　気をつけなさい」「羊の顔していても　心の中は　狼が牙をむく」ですね。

ヤマザキ　ラテン語さん若いのによく知ってますね（笑）。狼は誘惑の象徴ということなんでしょうけど、この歌は古代ローマ人に聞かせても通用したでしょう（笑）。

ラテン語　羊の皮を着た狼に気をつけろとは、新約聖書でも出てきます。

ヤマザキ　ヨーロッパオオカミは今でこそ激減しているけど、あの時代には普通に山や森に生息していて人々を脅かしていたはずです。他にはどんな動物が出てきますか？

ラテン語　蛇《へび》も多いですね。

ヤマザキ　蛇もまた古代から、脱皮をするというその性質上、吉兆《きっちょう》や豊《ほう》穣《じょう》の神とされたり、医学などの象徴となった生き物ですね。そういえば犬はどうですか？　ポンペイから出土した家屋の玄関にある cave canem「猛犬注意」のタイル画が有名ですよね。

ラテン語　犬の格言は多くはなさそうです。『ラテン語名句小辞典』では1つでした。面白いと思ったのは猪《いのしし》で、**uno saltu duos apros capere「一つの森で二頭の猪を捕まえる」**です。一石二鳥はラテン語だと一森二猪。

ヤマザキ　猪は普通にいたんですね。

ラテン語　ぼたん鍋も食べていたんでしょうか（笑）。

ヤマザキ　ぼたん鍋は分からないけど、猪は普通に食べられていたようです。そもそも彼らは豚肉が大好物でしたからね。金

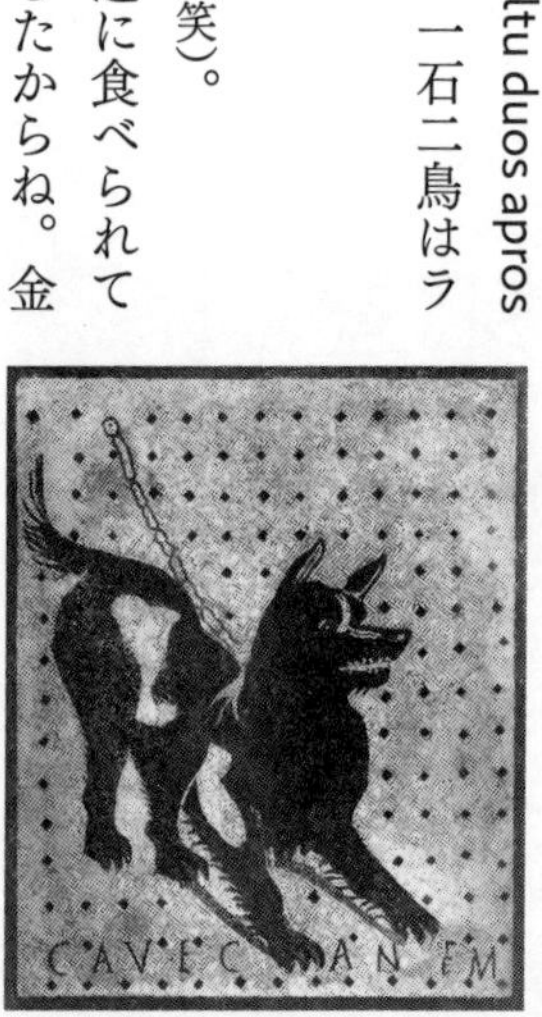

ポンペイのタイル画
写真：TopFoto／アフロ

持ちの主催する宴《うたげ》では、猪の頭を飾りに使った料理なんかも出されていたようですね。今のイタリアの諸地域ではジビエ料理として猪がよく食べられていいます。トスカーナ地方の猪のサラミ、めちゃくちゃおいしいですよ。

現在でもイタリアでは古代ローマから綿々と続く料理はいくらでもあるので、ぜひラテン語留学の際には召し上がってみてください。ローマの名物であるアーティチョークは古代と同じ調理法で出されていて面白いと思います。最近では、『アキピウスの料理書』を参考にしたメニューを出している、古代ローマの味を再現しているレストランもありますよ。

ラテン語　ポンペイ遺跡にはそのようなお店が出ているようですね。

ヤマザキ　ありますね。古代ローマのレシピを出すわけではないけれど、遺跡の一部をレストランにしているような店もあります。

酒の役割と古代ローマのワイン

ヤマザキ　ところで、ラテン語さんはお酒は飲まれますか？

アキピウスの料理書　4世紀に編纂された料理書で、古代ローマの食文化が窺える。アキピウスは1世紀の料理人であり、従来彼の著書と伝わってきたが、研究により、実際は様々な者の手が加わっていることが分かっている。

ラテン語　体質であまり飲めませんが、好きですね。in vino veritas「**酒に真実あり**」という言葉も広く知られています。

ヤマザキ　古代ギリシャから使われていた格言ですね。この言葉もまたマグネットになって土産物屋でよく売られています。イタリアに留学してから数年後に日本に一旦戻ってきた時に、日中勤勉に働いているサラリーマンたちが、就労時間後に仲間で飲み屋に繰り出して、ほろ酔い気分になりながら上司の悪口なんかを言っちゃってるのを見て、ちょっと驚きました。今のイタリアでは皆何か言い分があると腹に溜めておくのが苦手なんで、すぐ表に出してしまう傾向がありますが、日本ではお酒の力を借りないと本音を言えないというのがありますよね。でも、この格言が生まれた古代ローマ時代も、実は皆、そう簡単に胸の内をあらわにはできなかったということが見えてきます。やはり古代ローマは日本と似ています。

ラテン語　fecundi calices quem non fecere disertum?「**溢れる杯が雄弁にしなかった人があっただろうか?**」という言葉もありますね。外国語を学ぶ身からすると、意外と飲酒はお勧めの勉強法です。お酒を飲んだほうが、緊張もほぐれて、大胆になれる。お酒で喋りやすくなった体験があります。

ただ、私の場合は、飲むと顎関節《がくかんせつ》が痛くなるんです。血行が促進されることで血管が膨張して痛むのか、一部の人に起こる事象らしいです。それと闘っているので、私はまだ本性を現すことができていません。

ヤマザキ 日本の人は外国語を習得する時に、文法を間違えないように喋らねばならないと思うから、なかなか上達しないという話を聞いたことがありますが、お酒が入ったほうが勉強になるというのは分かりやすいですね。言語は確かにハッタリでも口真似でもいいから、細かいことを考えない人のほうが覚える速度は速いかもしれません。ラテン語さんも几帳面《きちょうめん》そうですが、イタリアでは昼食でもワインを一杯だけ飲むとかやってますから、ぜひ彼らに交じってみてください。

ラテン語 古代ローマの製法で造っているというワインがありまして、私は時々、恵比寿ガーデンプレイスにあるラ・ヴィネという店に行って買っています。造っているのは、イタリアではなくフランスの醸造所で、マス・デ・トゥーレル（Mas Des Tourelles）というところです。

ヤマザキ　どんなものがあるんですか？

ラテン語　ワインに蜂蜜を混ぜたムルスム、海水を加えたトゥリクライ、甘口のカレヌム。今は分かりませんが、私がラ・ヴィネで買った時はトゥリクライがなく、これは個人輸入で取り寄せました。

ヤマザキ　夫の実家はパドヴァなんですが、プロセッコという発泡酒の産出地です。日本には入ってきているものの、まだそれほど普及していないようですね。イタリアの発泡酒というとスプマンテですが、私は夫の地元が産地ということもあって、たくさん飲んできました。

　このプロセッコですが、プリニウスも記した古代酒で、古代ローマ時代から飲まれていたとされています。古代ローマに思いを馳せて、ラテン語さんにはぜひ飲んでもらいたいです。

ラテン語　飲んでみます。飲み方は、ローマ人らしく、水割りで。

ヤマザキ　プロセッコは水で割らないように。っていうか、水で割って

左のボトルからムルスム、トゥリクライ、カレヌム。
マス・デ・トゥーレル公式サイトより
https://tourelles.com/site-archeologique-et-cave-gallo-romaine/

ばかりいたら、いつまでも真実が言えないじゃないですか（笑）。とにかく、イタリアでは別にお酒を飲もうが飲まなかろうが、素面《しらふ》でも言いたい放題。こっちが本心を隠していても「お前、なんか言いたいことあるんだろ。顔を見れば分かる。ここで全部出せ」などと言われる場合もありますからね。このお酒の格言は現代イタリアではあまり通用しないですね（笑）。

時間がすべてを解決する

ヤマザキ　お酒を飲むと緩んでしまって、うまくいかなくなる、というタイプの人もいますよね。お酒というのは、責任逃れの口実にはなりますけど、場合によってはそれがきっかけで関係性が悪くなることもありますから。

ラテン語　お酒の席の後で、「あの時あんなこと言ってごめんね」と言ってくる人がいますが、そういった人はまさにそのタイプでしょうか。ただ、時間が経《た》つと人は忘れるもので、私の場合そういうことを言われ

パドヴァ　ヴェネツィアから車で約30分に位置するヴェネト州の古都。イタリアで2番目に古い大学であるパドヴァ大学があり、ヤマザキマリの夫はその卒業生でもある。

ても忘れている。謝られても困るという。

ヤマザキ　クールですね（笑）。でも分かります。私も酔いに任せなくてもいつも本心を出してしまうので。

ラテン語　ヤマザキさんが tempus omnia medetur「**時間がすべてを解決する**」を選ばれていますが、私にとっては、まさに酒席での無礼講がこれにあたります。忘却できるというのは人間の便利な機能です。

ヤマザキ　忘却がないと新陳代謝ができずに老廃物が蓄積するばかりですから、忘れていいようなことはどんどん忘れたほうがいい、と言われてもそんなに簡単には忘れられないこともあります。ただそんな場合も、時間が解決する、というのは真意ですね。辛いことや悲しいことは時間が経てば何も感じなくなる、というわけではありませんが、思い出すことの免疫がついてそれほど動じなくなるのは本当です。それもまた、人が熟成するためには必要なことでもありますね。何歳になっても頭のなかを巡り続ける言葉です。

ラテン語　この言葉を選んだのには、何か経験があるのですか？

ヤマザキ　この言葉は過去の人々を支え続け、そしてこれからもまた未来を生きる人を支える言葉であり続けるという確信があるからです。経験という意味では、それはもう山ほどありますよ（笑）。例えば留学時代の惨憺《さんたん》たる日々については、やっと人前で話していても平気になってきました。

私は目標を決めて達成するというより、目の前のハードルを乗り越えていくタイプの人生を過ごしてきました。いくつもの障害物を乗り越えることを続けてきたら、何某かの結果になっていたわけですが、それもまた時間の効用と言えますね。『テルマエ・ロマエ』も苦悩と渇望が実を結んだ結果ですから。

ラテン語　medetur の med は英語の medical「医学の」にも通じます。

ヤマザキ　そうですね。なので、むしろ時間が「解決する」というより「治す」「癒《い》やす」という意味に近い。時が癒やしてくれる。大事な人や動物を亡くしたり、何か失敗をして立ち直れない人にかけてあげたい言葉です。

建築家クリストファー・レンの墓碑

ラテン語　次に表現に注目したい例は、si monumentum requiris, circumspice「（彼の）記念碑を探しているのであれば、周りを見ろ」です。これは古代ローマではなく、18世紀イギリスのラテン語で、クリストファー・レンの墓碑に刻まれた文言です。

クリストファー・レンというのは建築家で、セント・ポール大聖堂といったロンドンの建築を多く手掛けた人物です。墓碑があるのも、セント・ポール大聖堂です。まず私が建築に興味がありクリストファー・レンも彼の手掛けた建物も好きで、また彼の墓碑はウィットに富んでいる。この2点から私自身、かなり惹かれた言葉で、ぜひこの対談で紹介したいと思いました。

ヤマザキ　どういったウィットなのでしょうか？

ラテン語　彼の記念碑を探しているなら、ただ見回すだけでいい、つまり彼が設計したこのセント・ポール大聖堂自体が彼の記念碑になってい

クリストファー・レン
1632年～1723年。1666年のロンドン大火から復興を遂げたロンドンに多くの建物を残す建築家。

セント・ポール大聖堂

る。そういうウィットです。

ヤマザキ　なるほど、それもまた核心を突いた言葉ですね。教科書に書いてあることだけ勉強してすべてを知ったつもりになるな、という意味にもなりそうです。私もインタビューなどで自分のことをあれこれ聞かれると、つい「私に喋らせるより私の作品を読んで」と思ってしまうけど、そんな感覚ですかね。しかし、クリストファー・レンという人はそんな言葉が刻まれるくらい偉大な建築を残した人なんですね。

ラテン語　墓碑というと、堅くて真面目な文章が書かれていると思いきや、分かりやすい言葉で亡くなった人の業績を十分すぎるほどに称《たた》えていると思います。

ヤマザキ　参考になりますね。

都会の孤独

ラテン語　ヤマザキさんが選んだラテン語にも面白い表現を見つけました。magna civitas magna solitudo「**大きな都会、大きな孤独**」です。これはギリシャの言葉が元になっているんですが、エラスムスの『格言集』に見える格言です。

ヤマザキ　内山田洋とクール・ファイブに、「東京砂漠」という歌がありました。大都会の孤独というのは、多くの表現者が取り上げているテーマですね。人が多ければ多いほど、人は人に無関心になるということです。大都会に暮らしている人ほどそれを体感することが多いと思います。古代ローマも古代ギリシャのアテネもまさに大都会ですが、人が集まれば集まるほど、自分で自分のことが分からなくなってくるものです。本質の自分よりも、多くの人々は自分たちが見たいようにしか自分を見てくれなくなる。こんな感覚が古代にもあったというのが感慨深いです。つまり、大都市の性質というのは文明の創成期から変わっていないということでしょう。

ラテン語　このフレーズが割と多くの人に引用されているというか、ラテン語の名句を集めた辞典などに載っているのは、ヤマザキさんのおっしゃるような心理的な孤独の意味で解釈されてきた結果だとは思います。

エラスムス
オランダの人文主義者。1466年頃～1536年。

格言集
1500年初版。ギリシャ・ローマの格言を集めており、ルネッサンスの一面を表す。版を重ねるごとに格言は増えていった。

一方で、そもそもsolitudoという言葉が意味するのは、精神的な孤独ではなく物理的な孤独です。砂漠や荒野といった寂《さび》しい場所ということです。人が多いところにも、人に住まわれていない部分がある。今の東京で、商業ビルでもオフィスビルでも何でも、空きが目立つような。これこそまさにmagna civitas magna solitudoだと考えます。

また、ヤマザキさんがおっしゃるような、大都会において人々はお互いに無関心という点ですが、私は無関心にも良い面があると捉えます。

ヤマザキ　それはやっぱり、ラテン語さんが今の世代の人だから、というのもあるのかもしれません。昔は例えば集団就職で田舎からどかっと大勢の人が東京に流れ込んできましたが、彼らはやはり世話焼きでお節介な田舎と、人に無関心な都会とのギャップを激しく感じたはずです。

都会の寂寥《せきりょう》をテーマにしている作品だと、例えばトルーマン・カポーティの『ティファニーで朝食を』もそうですし、日本だと安部公房なんかがまさに都会に暮らす人間の孤独や社会の無機質感をテーマにした作品を多く残してきた作家です。彼らは、都会に暮らすことで自分の存在

トルーマン・カポーティ
アメリカ合衆国の作家。1924年～1984年。『ティファニーで朝食を』の他に『冷血』が有名。アルコールや薬物依存に悩まされる。

ティファニーで朝食を
1958年発表。ニューヨークに生きる女性主人公を描く。オードリー・ヘプバーン主演で映画化もされた。

安部公房
作家。1924年～1993年。芥川賞、谷崎賞など受賞。『砂の女』『箱男』など。ヤマザキマリの敬愛する作家。

が周囲によって決められていくか、または抹消されてしまうか、というということに着目している作家たちです。

とはいえ私も、田舎が得意というわけではありません。「東京砂漠」という歌も、都会は非情だけれど、だからこそ、あなたがいてくれて良かったの、という内容です。都会の矛盾が人を恋しがる気持ちを強くする効果もあったりするわけです。

都会でひとりぼっちの歌といえば、他に山下達郎さんの、有名な「クリスマス・イブ」でしょうかね。大都会にクリスマスが来て、街がライトアップされ、皆がワクワクしているというのに自分は待っている女子が来ない、という悲しい歌ですが、ヒットしたということは感情移入する人が少なくなかったということじゃないでしょうか。

どの時代であっても、日々を生きる人々にとって都会と孤独というのは普遍的なテーマだと感じますね。古代だから、人口が今より少ない分、そんなことを感じる人はいなかった、なんてことは決してありません。という意味でこの言葉を取り上げました。

ラテン語　他人に口出しをされないプライベートな時間。都会に住んでいれば一人になりたい時に一人になれて、自分の決断にあれこれ言われない。そういった意味では、都会暮らしは孤独だとしても、心を落ち着けられるという面があるのではないでしょうか。

ヤマザキ　それはよく分かりますよ。田舎は田舎のハードルがありますからね。

ラテン語　私自身がそういうところで生まれ育ったというのが理由としてあるかもしれません。そこでは確かに自然のなかで静かに暮らせる。そういう面はあるけれど、一方でご近所さんのことは常に誰もが知っていて、プライバシーがあまりない環境です。

ヤマザキ　ラテン語さんにとって田舎は一種のトラウマみたいなものなんでしょうかね。私の場合は実家は東京ですが、子どもの頃は北海道育ち。でも17歳からは国は変われど暮らしてきたのはすべて都会ばかりでしたから、田舎ではもう暮らせないなと感じています。イタリアの夫の実家は地方の小都市ですが、やはり人々が噂好きのおせっかいなので、あまり帰りたくはないですね。ただ、国によっては例えばカイロとシカゴのように、同じ大都会であっても全然性質が違います。私が好きな都会は、ポルトガルのリスボンかな。都会だけど人々は必要な時はさりげなく手を貸し、礼を言われるのを嫌う、スマートな利他性がある場所です。ホッとしたいときは今も家があるのでリスボンで過ごします。

日本語とラテン語

ヤマザキ　totus mundus agit histrionem「**全世界（の人々）は役を演じている**」。ソールズベリーのジョンの言葉で、ロンドンのグローブ座に掲げられた言葉です。

ラテン語　正確には、ソールズベリーのジョンの言葉を元にしたと考えられるフレーズです。ソールズベリーのジョンが書いた文は fere totus mundus iuxta Petronium exerceat histrionem「ペトローニウス曰《いわ》く、ほとんど全世界が役を演じている」です。しかし、ペトローニウスの作品にこれと同じ文は見つかっていません。

ソールズベリーのジョン　イギリスのスコラ哲学者。１１２０年頃～１１８０年。

グローブ座　16世紀から17世紀にかけて存在した劇場。現在の同名の劇場とは別物。

ペトローニウス　生年不明～66年。帝政ローマ期の詩人。ネロ帝の寵遇を得た。小説『サテュリコン』の作者とされる。

ヤマザキ　以前ラテン語さんがツイッターで取り上げた際に付けていた和訳は「全世界は役者を演じている」。『ラテン語名句小辞典』では「世界全体が芝居をやっている」となっていますね。

　この mundus という言葉を日本語で直訳すると「世界」となり、つまり totus mudus で「全世界」になりますが、この mundus には「世界」だけではなく、「世界に住まう人々」というニュアンスもある。「世界」というのもありだけど、「すべての人は役を演じている」という意味で捉えるのが解釈としては自然ですね。

ラテン語　mundus は確かに難しい。辞書にも、この世という意味の「世界」もあれば、「世界の住人、人類」といった訳語も載っています。

ヤマザキ　イタリア語も世界中の人々という意味として tutto mondo を使うことがあります。イタリア語が分かっていると、単純に「世界」と訳してしまう無理に気づいてしまう。

ラテン語　フランス語でも tout le monde「みんな」と言ったりするので、確かに totus mundus の系譜がありますね。

ヤマザキ　和訳の難しさですよね。ところで日本ではいつからラテン語の翻訳が始まったのでしょうか。

ラテン語　安土桃山時代の頃に宣教師が日本でもラテン語を教えていて、当時のラテン語文法書も残っています。

ヤマザキ　やはりキリスト教の伝来がきっかけだったんですね。夫が『救い』という本をイタリアで出版し、日本でも2年前に翻訳されました。すごい分厚い上になんだか難しいからなかなか誰も買ってくれないんですけど（笑）、でも内容は面白いんですよ。かつて夫が研究者として留学していたシカゴ大学には巨大な書籍のアーカイブがありまして、そこにはイエズス会が戦国時代の日本を訪れた時の、ラテン語で記された記録が保存されている。それを読んで、イタリア人宣教師を主人公にした歴史小説を書こうと思い立ったそうです。

我々は、日本人が渡来してきたイエズス会の宣教師たちをどのように見ていたかは知っているけど、逆にイエズス会側の立場の人が日本をどう見ていたのかをあまり知らない。夫はその記録はなかなか面白いと言

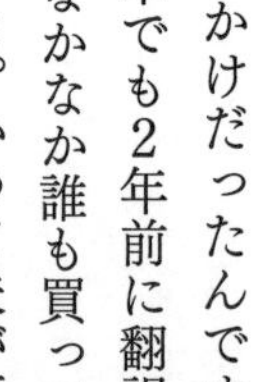

ベッピ・キュッパーニ著、中嶋浩郎訳『救い』（みすず書房）

イエズス会
カトリックの修道会。1534年にイグナティウス・デ・ロヨラらが創設。世界各地での宣教に熱心で、ザビエル（1506年～1552年）が日本にキリスト教を伝えた。

っていましたね。功績を意識して、日本での教化がうまくいっていると書いてあったりするそうです。決してそんなことはないのに、本国への報告だから、取り繕《つくろ》って書いてあるんですよ。

ラテン語　『救い』、読ませていただきます。

ヤマザキ　値段も高くて誰も買わないので、ぜひ読んでいただけたらと思います。ラテン語での表現もたくさんあったのでラテン語さんが読んだらまた違う発見があるかもしれません。

シェイクスピアが書いたセリフ

ラテン語　totus mundus agit histrionem に話を戻します。これは、シェイクスピアの『お気に召すまま』の有名なセリフ、All the world's a stage.「この世界はすべて1つの舞台である」の元にもなっていると考えられます。

ヤマザキ　人間社会を俯瞰《ふかん》で捉えている、とてもインパクトの強い格言です。今の世界を見ていても「人間ってのは、本当に何をやってんだ

シェイクスピア
英文学の最高峰ともされるイギリスの劇作家、詩人。1564年～1616年。『ハムレット』『オセロ』『リア王』『マクベス』の四大悲劇の他、史劇・悲劇・喜劇いずれも名作を残す。

お気に召すまま
グローブ座で初演。恋の駆け引きを描く牧歌的喜劇。

か」と思うことだらけですけど、そう捉える以外にも、esse quam videri「そう見られることよりそうであること」を重ねて考えたくなります。この言葉には、体裁優先の表層的な自分ではなく、等身大の、本質的な自分であれ、という意味もあるのでしょう。人に見られることが優先であるがままの自分をすっかり隠す人もいるけれど、何と言うのか、一生こうやって体裁に縛られ、本当の自分を隠しながら生きていかねばならないのかと思うと、気の毒な気持ちになります。余計なお世話ですけどね。

ラテン語　totus mundus agit histrionem という文そのものは近世に作られたものですが、この言葉に類する思想は古代にもあったようです。例えば、『ギリシア詞華集』に収録されているパッラダスによる詩には「すべて人生は舞台と喜劇」という言葉があります。

ヤマザキ　その思想を受け継いだセリフをシェイクスピアが書いたということは、劇作家自身が人生を演劇、世界を劇場として見ていたということになりますね。真意のど真ん中を行く、とても説得力のある言葉です。

esse quam videri
詳しくは次章。

ギリシア詞華集
紀元前7世紀から10世紀まで、全16巻約4500篇の膨大なエピグラムを集めたアンソロジー。18世紀ドイツで成立。

第5章 生き方について

V

本章に登場する座右のラテン語

vita《ウィータ》 si《スィー》 scias《スキアース》 uti《ウーティー》 longa《ロンガ》 est《エスト》

人生は使い方が分かっていれば長い

セネカ『人生の短さについて』

dum《ドゥム》 vivimus《ウィーウィムス》 vivamus《ウィーヴァームス》

生きている間生きようではないか

ことわざ

esse《エッセ》 quam《クァム》 videri《ウィデーリー》

そう見られることよりそうであること

サッルスティウス『カティリーナの陰謀』

inops《イノプス》, potentem《ポテンテム》 dum《ドゥム》 vult《ウルト》 imitari《イミターリー》, perit《ペリト》

力のない者が力のある者を真似しようとすると滅びる

パエドルス『寓話集』

forsan《フォルサン》 et《エト》 haec《ハエク》 olim《オーリム》 meminisse《メミニッセ》 iuvabit《ユウァービト》

これらの思い出も、いつか喜びとなるだろう

ウェルギリウス『アエネーイス』

miseris《ミセリース》 succurrere《スックッレレ》 disco《ディスコー》

私は不幸な人々を助けることを学んでいます

ウェルギリウス『アエネーイス』

人生の短さについて

ラテン語　この対談の起点に戻って、人生、生き方についての格言について、もう一度話し合えればと思います。まず、vita si scias uti longa est「**人生は使い方が分かっていれば長い**」です。多くの人に引用されている言葉です。

これは『人生の短さについて』という文学作品のなかでセネカが書いた言葉です。セネカは、人間はそもそも持っている時間が短いのではなく、浪費しているから短く感じるだけである。人生は実際に短いわけではなく、使い方が分かっていれば十分に長いのだということを言っています。

私は、サブスクで動画を何時間も見続けたりすることがあります。時間を浪費しているなと思う反面、実際にそれが時間の浪費かどうかというのは、その時点では分からないことではないかとも思います。ふと見た作品の登場人物の境遇と、後々の自分が一致して、登場人物や場面が

人生の短さについて
セネカの代表作の1つ。49年頃の成立。

セネカ
古代ローマのストア派哲学者、政治家。紀元前4年頃～65年。ネロ帝の家庭教師だったがその不興を買い、自殺。

参考になることもあるかもしれません。私も経験のあることとです。

ヤマザキ　時代にもよると思いますね。セネカは私も『プリニウス』で描いた人物ですが、ネロの家庭教師も務めていた、当時の最高峰の知識人です。彼がこれを書いた時代は、もちろんサブスクも携帯もインターネットもない。情報が今のように充実していない時代です。人間は自ら携えている知性と感情の機能を使ってなんぼ、という教えに根付いた言葉だと思いますね。

講演会などがあるとよく皆さんにお話ししていることですが、善い人生を送りたいのであれば、ポジティブな感情だけではなく、辛さ、挫折、失望、絶望、屈辱、そういったものも全部万遍なく使うべきだと思うのです。セネカのこの言葉はソクラテスの残した「ただ生きるということではなく、善く生きることこそ最も大切にしなければならない」という言葉に紐づいていますが、まさにその通りではないかと思います。世の中はとにかく長く生きればいい、ということに執着しがちですけど、授かった機能を万遍なく使い切れば、何歳で死ぬかなんて重要ではないと

ソクラテス
紀元前470年頃〜前399年を生きた古代ギリシャの哲学者。対話による真理の探究を目指した。著作はなく、その思想や人生は弟子の作品に詳しい。

思うのです。

情報化と経済が結びついてから、人々は随分と怠惰になったと思います。自分の頭で考える代わりに、誰かが発信している言葉に自分の考えを置き換え、調べごとがあればネットですぐに出てくる答えを探し、動画は2倍速の早送りにして内容を頭に入れたつもりになる。脳を無駄に使わず表層的なデータをひたすら上書きしてそれでよし、という合理性とコスパ重視の今の世の中のあり様をソクラテスやセネカが見たら、びっくりして、おそらく開いた口が塞《ふさ》がらないでしょうね。時代がもたらす変化は容赦ないですからね。

ラテン語　ちなみにヤマザキさんにとってはどうでしょう？　人生は長いと思いますか？　短いと思いますか？

ヤマザキ　死についてはいつも考えていますが、長い短いについてはあまりこだわりはありません。与えられた天命を全うできればそれで満足です。

死ぬのが明日だろうと、80歳になってからだろうと、100歳を過ぎてからだろうと、心情的にはあまり変わりませんね。もう十分にいろいろやってきたという充足感はあります。人間という社会性の生き物のあり方もよく分かったし、波瀾万丈ではあったけどいろんな経験をして面白かったからもういいや、みたいな感覚はもう備わってます。まだまだやり残していることがあるから頑張らなきゃ、もっと人生楽しまなきゃ損！なんていう執着は一抹《いちまつ》もありません（笑）。だからたぶん、その時が来たら潔く死を受け入れられるかと思います。

たぶん、自分の尊敬した人々や自分を支えてくれた生き物たちもみんなあの世の住民なんで、それもまた死をポジティブに受けられる要因になっている気がしています。私の漫画はプリニウスにしてもジョブズにしても、この世にいない人たちが主題になっているものが多いのですが、そうすると彼らと対話をしている気持ちになってくるんです。彼らの実績は、人間の精神面での遺伝子継承だと思っていて、それさえ果たせたらもういいのかなという気持ちがありますね。

ラテン語さんは、長生きしたいと思いますか？

ジョブズ
アップルの創業者として知られるスティーブ・ジョブズ。1955年～2011年。ヤマザキマリはその伝記を漫画化した。

ラテン語　できれば長生きをして、いろんなものを書いて、人々にラテン語を広めたいというのはあるんですが、何歳まで生きたいという数字的な目標は特にはないです。自分のやりたいことを全うできれば。あと、これは趣味の話になってしまいますが、東京ディズニーランド開園100周年を見届けられればと思います（笑）。

ヤマザキ　目的が成就する瞬間が明確なのはいいですね。100周年はいつですか？

ラテン語　2083年なので、私は91歳。

ヤマザキ　今はどんどん寿命が延びていますから、ラテン語さんならきっと100周年を見届けられます。大丈夫ですよ。

生きている間生きようではないか

ラテン語　ヤマザキさんは、まさに理想の生き方の通りの言葉を選ばれていますね。dum vivimus vivamus「**生きている間生きようではないか**」。

ヤマザキ　今まさに長々と語ったようなことですよね。「生きてきた意味は～」「生きてきたからには～」のように大仰《おおぎょう》に捉えるのではなくて、地球上に生命を宿したからには、他の動物たちと同じように、生きればいいだけという話です。これはエピクロス派のモットーかなんかでしたっけ？

ラテン語　『ラテン語名句小辞典』ではそのように紹介されていますが、私の調べでは彼らがモットーとしていた根拠は見つかりません。確かにエピクロス派的ではありますが。

ヤマザキ　エピクロス派は快楽主義とも言われる哲学の一派で、何でもポジティブに楽観的に捉えるのが特徴です。古代ギリシャ時代にエピクロスという哲学者がいて、そこから派生した思想ですが、楽観的な人に対して未だに「あの人はエピキュリアンだよね」と言うことがありますよね。

ラテン語　ヨーロッパの言語の単語にも残っていますね。英語のepicurean、イタリア語のepicureo。

ヤマザキ　エピクロス派の言葉には禅問答的な印象を受けますね。よく

エピクロス
紀元前341年頃～前270年頃を生きたギリシャの哲学者。デモクリトスの原子論の影響を受け、快楽を求めることを正しいとした。エピクロス派は、セネカにも連なる禁欲主義的なストア派と対置される。

考えたら大したことないじゃん、と気づかされる言葉がたくさんありますが、あのような思想に到達するまでには、様々な辛い感情の経験が影響しているのだと思います。単にポジティブなのではなく、そうした裏付けがあるから、説得力もあるのです。

見かけより実質

ラテン語　私が生き方の言葉として選んだのは、esse quam videri「**そう見られることよりそうであること**」です。見かけより実質。私はこれを重視しています。

サッルスティウスという人が書いた歴史書のなかでカトーという人物について、「彼は優れた人間であると思われるより、実際に優れた人間であることを望んでいた」、そう書かれています。当時も見せかけだけで中身が伴っていない人がいたのでしょう。

ヤマザキ　自分の意思での見せかけもさることながら、他者によって勝手に作られてしまうイメージというのもありますよね。例えば、ラテン

サッルスティウス
古代ローマの政治家、歴史家。引退後に著述に専念。紀元前86年～前34年。『カティリーナの陰謀』『ユグルタ戦争』が今日に伝わる。

カトー
ここでは、小カトー（紀元前95年～前46年）。共和政ローマの政治家、哲学者。カエサルと対立して暗殺された。

語さんといえばこういう人よね、と自分ではまったく自覚のないイメージが象られてしまう。人によっては、そうやって他者によって作られた自分のほうこそ、本当の自分だと思い込んでしまったりもあるでしょう。芸能人なんかにありがちなことかもしれませんが、そういうことがないように、という言葉ですよね。

ラテン語　イメージももちろん大事ではあるんですが、実際の行動で誠実さを示す。イメージは言葉や何やらで作られてしまいますが、行動で示すことには敵《かな》わない。私が重要だと思っていることを言ってくれた言葉です。また、この言葉はアメリカ合衆国のノースカロライナ州のモットーにも選ばれています。

ヤマザキ　ノースカロライナ州はなんでこれをモットーにしたんでしょうかね。ノースカロライナ出身の友人がいたことはありますが、別にそれほどの気高さがあるようには感じられませんでした(笑)。

ちなみにうちの夫は我々の対談リストにこの格言があるのを見て「これはいい言葉だ！」と感心していましたよ。時世的には、例えばＳＮＳ

などでは匿名で自らを隠したり、ペルソナを作って別の自分になりすますことが当たり前になっています。

ところが、SNSで吠えていた人が実際に会ってみると、とても小心者で気が小さい人だった、という展開はよくあります。SNSで私の非難をやめない人がいて、とうとう頭にきたのでダイレクトメッセージ(DM)で「いい加減にしてほしい、言いたいことがあるのなら私の前に現れて言え」と送ったら、「ヤマザキさんと喋れるなんて光栄です!」という返事。「まさか反応くるなんて思わなかった! 嬉しいです!」、こいつバカじゃねって思いましたが釣られた私もバカでした。

とにかく、SNSの書き込みというのはうんざりさせられます。正義を振り翳《かざ》し、皆に崇《あが》められ、謙虚を装いつつも称賛されたくて仕方のない、自己承認欲求を炸裂《さくれつ》させている人で満載。他人の鏡に映さないと自分の姿が見えない人っていうのがいるんですよね。そんなふうに人に象られることでしか自分自身が分からなくなってしまった日には、自分自身を見失うのも簡単です。鏡が何も映さなくなってしまったら、自分の存在もそこで消えてしまうことになる。社会がどうであろうと、自分は自分で自分の鏡に映して自分の姿を確かめる人間であれ、ということを言ってると解釈していい言葉だと思います。ノースカロライナ州、なかなかやりますね。

ラテン語　ペルソナ化はキャラ付けとも言えますね。

ヤマザキ　ハリボテの甲冑《かっちゅう》で身を包んでいるけれど、脱いでしまうと無防備そのものでしょう。SNSのなかでしかいばれない人たちは、いつでも崩れてしまう砂上の楼閣《ろうかく》みたいなものなのです。そんな連中に囚《とら》われて気分を害するのも、時間と精神力の無駄でしかないですね。

　ラテン語さんだってSNSをやっていると、なんだこいつと思う時もあると思うんですよ。

ラテン語　はい、まあ、あります。ヤマザキさんの体験と同じく、DMを送ったら態度を変える人もいました。一対一になると急に萎《しぼ》むんですよね。

ヤマザキ　フォロワーも多かったりすると特に、何か自分が巨大な存在になったような気がするんでしょうね。匿名の安心感のなかで、集団の威を借りて虚勢を張ってるわけですよ。どんな立場であろうと自分を支持してくれる人が数人いれば、気分はちょっとした宗教の教祖様。

ラテン語　そうです。フォロワーを信者と思っている人がいるんです。

ヤマザキ　esse quam videri「そう見られることよりそうであること」は、歪んだ思想に巻き込まれやすい今みたいなご時世でこそ、多くの人に知ってもらいたい大事な言葉ですね。

ラテン語　「見られる」にあたるvideriは受動態で、受動は常に他者が関わってきます。他者がいなくなったら、成立しない。一方でesse「ある」は能動態なので、自分自身で成立します。ヤマザキさんの旦那様にも刺さったようで喜ばしいです。

ヤマザキ　たった3語の単純な言葉なのに、深い。そういうことをうちの夫は言っていましたね。それもまたラテン語の格言の魅力ですね。

蛙の虚勢と「何者かになれ」という圧力

ヤマザキ　esse quam videri に関連する言葉として、inops, potentem dum vult imitari, perit「**力のない者が力のある者を真似しようとすると滅びる**」も紹介させてください。日本的な言い方に置き換えると「大風呂敷を広げる」になるのかな。とにかくいっぱいいますよね、こういう人。ラテン語さんの周りにもいません？

ラテン語　私に関しては、どうでしょう。ラテン語をやろうとする人がまだ少ないので。

ヤマザキ　ラテン語界隈《かいわい》ではそうかもしれませんが、表現者の業界では多いですね。自己主張というか自意識というか、自分が認められたくてしょうがないという人は、自分ができることよりも何倍も大きな風呂敷を広げて、人を圧倒させるまではいいのだけど、その姿勢を維持するとなると、なかなか容易ではありません。

等身大の自分と向き合えない人はかわいそうだと思いますね。日本の教育では、生まれてきたからには世に役立つだけではなく、ありがたがられる存在になることが、理想的な人間のあり方として教え込まれる風潮が強いですよね。そもそも「何者」って何を指しているのか、っていう話です。

たとえその人の為すことが社会的には地味で謙虚で目立たない仕事であっても、大きく称賛されるような功績をおさめることではなくても、でも自分にできる範囲の仕事を律儀にこなしていく、という人も立派な〝何者〟だと思うわけですよ。でも世の中〝何者〟というのは、社会的に認知されるような大きな結果を出し、評価されるような人を指しています。根拠のない〝何者〟です。

特に私の世代はいわゆるバブル世代で、まさに皆何者かであろうと背伸びしてきた世代。男女のスーツの肩パッドは自分たちを大きく見せたいという欲望の象徴そのものですよね。

ラテン語　肩パッドというのはそういう意味だったんですか。お洒落ではなく。

ヤマザキ　あの当時は誰も虚勢を張ってる自覚はなく、単なる流行だったのかもしれないけれど、深層心理はやはり虚勢だったんじゃないかと思いますね。私はバブル世代だけど、バブルの恩恵を受けずにイタリアでド貧乏暮らしをしていたから、日本に帰るとみんながブランドものに身を固め、両手両脇にブランドの紙袋を抱えて、髪型もアクセサリーも大袈裟なのが異様な光景に見えました。

表ではそんなファッションに身を包んでいても、彼らの家は狭い四畳半だったりするわけですよ。

ラテン語　ＳＮＳは現代の肩パッドですね。

ヤマザキ　そうですね。肩パッド以外だと、シークレットブーツってのもありますけど、時世を反映した言葉として選びました。

ラテン語　イソップ物語をラテン語にしたパエドルスの『寓話集』にある教訓です。

ヤマザキ　イソップ物語にはいろんな動物が出てきますが、これは蛙《かえる》と牛のお話ですね。

パエドルス
紀元前18年頃〜50年頃のローマに生きた。

ラテン語　確か牛の真似をした蛙ですよね。

ヤマザキ　そうです。お母さん蛙が、子どものために牛の真似をしてどんどん腹を膨らませていったら、破裂して死んでしまうという話ですね。要は身の程知らず、ということですけど、身の程というのはそれだけ大事なことなんですよ。やっぱり〝何者〟になることを目標とさせる教育が、そういう蛙的人間を生んでしまうようにも思うんですよね。

ラテン語　今はブランドものを借りるサービスとかもありますよね。車で見栄《みえ》を張る人もいますね。

ヤマザキ　家もですね。成金が大きな建物を建てたがるのは、大きさで虚勢を張る最たる例かもしれません。あと、アプリを使って実際の自分を加工し、シワを消したりして周りに若く見せることも、蛙行為だと思います。

辛い思い出も、いつか喜びとなる

ラテン語　続きまして、forsan et haec olim meminisse iuvabit「これらの

思い出も、いつか喜びとなるだろう」。ウェルギリウスの『アエネーイス』にあるものです。主人公一行が苦しい目に遭って意気消沈してしまう。そこで主人公のアエネーイスが、仲間たちに言って元気づける言葉です。

ここでも岩波文庫の七五調訳を紹介します。この言葉に連なる部分も含めて「しかし今はもう諸君、心をなやます怖れなど、払い除《のぞ》けよおそらくは、いつかこれらを思い出す、ことも楽しいことになろう」（泉井久之助訳）となっています。

中島みゆきさんの「時代」にある歌詞が思い出されます。今は辛くても、いずれそれが楽しい思い出と喜びになるだろう。ウェルギリウスと中島みゆきさんに2000年以上の開きがあっても、似た趣旨が窺えます。

ヤマザキ　確かウェルギリウスもエピクロス派に学んだことがあるんですよね。耽溺《たんでき》していたわけではなかったようですが、それでもこのような楽観的な救いを取り込んだ格言に、エピクロス派的な心意気が感じられます。苦しみや悲しみを生きる力に変えていくというのは励みになる言葉ですね。

ラテン語　ちなみに、この言葉に見えるmeminisseという単語は「覚える」という意味ですが、記憶・メモリー（memory）、メモ（memo）という単語の語源になっています。

ヤマザキ　なるほど。これもまた、日常の言葉に潜むラテン語の一例ですね。

不幸を知るだけに、不運の人に助力する

ラテン語　『アエネーイス』から続けてもう1つ取り上げたいと思います。miseris succurrere disco「**私は不幸な人々を助けることを学んでいます**」。やさしさについての言葉で、『アエネーイス』の第1巻の630行に見られるものです。

主人公たちの船が嵐に遭遇し、目的地ではないカルタゴに漂着してしまう。救いの手を差し伸べるのが、カルタゴの女王ディードー。その女

王のセリフです。七五調だと「私は不幸を知るだけに、不運の人に助力する、ことも学んで忘れません」（泉井久之助訳）となっています。

悲しいことをいろいろ経験したからこそ、人にやさしくもできる。いかに人が悲しまないように尽力できるか。そういうことを考えさせられます。

ヤマザキ　以前にラテン語さんが、ラテン語の面白さをたくさんの人に知ってもらうことで、満たされた気持ちになってほしい、というような意味のことを言っていましたよね。その精神性に通じる言葉だから、ラテン語さんはこれを選んだのかなと思いました。

ウェルギリウスの繊細な人柄も出ていますね。考えてみたら彼の作品には揶揄《やゆ》や中傷を示す表現は見当たらず、利他的で思いやりのある言葉が多い気がするんですが、それはウェルギリウス自身が傷つきやすく、いろんな感情に向き合ってきた人だからかもしれません。

古代ギリシャ時代の哲学者プラトンは「人は生きるのが大変だから、みんなにやさしくしてあげなさい」ということを言っていますよね。プ

プラトン
紀元前5世紀～前4世紀、古代ギリシャの哲学者。ソクラテスの弟子であり、ソクラテス死後に学園（アカデメイア）を創設。著作のないソクラテスとは対照的に、主にソクラテスに仮託した対話形式で多くの哲学書を残したことで、西洋哲学の源流となる。

ラトンが生きたのはウェルギリウスより遡ること約300年前のギリシャですが、そうした利他の精神性がローマでも生き続けていたことに嬉しくなりますね。

古代ローマというとコロシアムでの殺し合いや愛憎劇というイメージが先行しがちですが、ウェルギリウスの言葉から垣間見えるように、他者を慮れる社会でもあったということです。

ラテン語　ヤマザキさんが救われた経験も伺いたいです。

ヤマザキ　子どもの頃からいつもいろんな人に救われてきましたね。夜の遅い時間まで留守番をしなければならなかった子ども時代のご近所の方たちや学校の先生だったり、イタリアへ行ってからも窮地に陥ったことは何度となくありますが、その都度随分いろんな方たちに助けてもらって、今の自分があります。お付き合いが続いている人もそうでない人もいますが、困っていた私に手を差し伸べてくださった方すべてに感謝の念は尽きません。

ラテン語さんはどうですか？　救われたと思う経験はありますか？

ラテン語　どうなんでしょう……。これまでは人との関わりが希薄《きはく》だったので。

ヤマザキ　これから何か大きな不幸や困難に直面した時に実感されるのかもしれませんね。

第6章 為政者たちのラテン語

VI

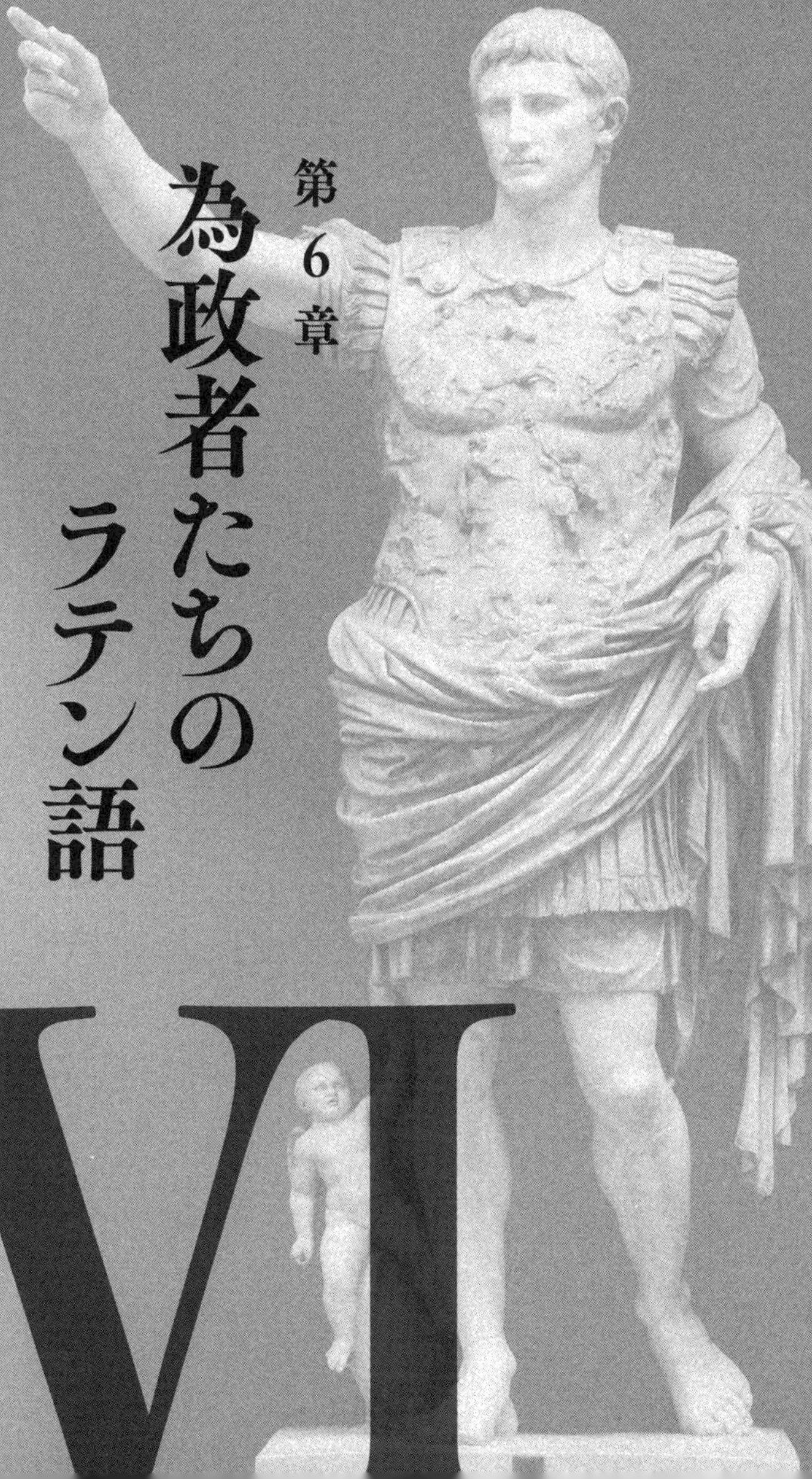

本章に登場する座右のラテン語

festina《フェスティーナー》 lente《レンテー》

ゆっくり急げ

スエートーニウス『皇帝伝』にあるギリシャ語のラテン語訳（アウグストゥスのモットー）

fluctuat《フルークトゥアト》 nec《ネク》 mergitur《メルギトゥル》

たゆたえども沈まず

パリ市のモットー

iacta《ヤクタ》 alea《アーレア》 est《エスト》

賽は投げられた

スエートーニウス『皇帝伝』（カエサルの言葉）

ゆっくり急げ、悠々として急げ

ラテン語　また趣向を変えまして、ここからは有名な皇帝あるいは政治家といった、つまり為政者《いせいしゃ》の言葉に焦点を当てていきたいと思います。まずは festina lente「**ゆっくり急げ**」です。

ヤマザキ　アウグストゥスの言葉ですね。

ラテン語　そうですね。彼がモットーとしていたのが、伝記作品によるとギリシャ語で *σπεῦδε βραδέως* でして、そのラテン語訳が festina lente です。後世ではこのラテン語のほうが広まりました。

　意味するところは、「急《せ》いてばかりではなく、そのなかで落ち着いて」ということだと思います。お店で働く友人に、レジ打ちでは混雑している時ほどゆっくり打つということを聞いたことがあります。混雑しているからといって急いで打つと、間違ってしまう。まさに festina lente だと思いました。

ヤマザキ　政務や軍務にあたる皇帝のモットーがこの言葉というのは、

当時のローマの慌ただしさや、アウグストゥス自身の忙しさが垣間見えますね。

festina lenteは、現代にいたるまで、いろんな有名人が座右の銘として使っています。先ほど、ローマの土産物屋ではcarpe diem「一日を摘み取れ」のマグネットが売っていると言いましたが、festina lenteのマグネットもそれと並んで売っています。in vino veritas「酒に真実あり」と併せて、この3種類がマグネットになっているということは、世界的に認知度の高い格言だということでしょう。

私の好きな作家に開高健という人がいて、この人の残した有名な言葉に「悠々《ゆうゆう》として急げ」というのがあります。おそらくこの格言を用いているのでしょう。作家をはじめとして、締め切りに追われている人たちは、もちろん急いで作業をせねばいけないのだけれど、慌てて書くといいものができません。忙しい時ほど、この言葉を思い浮かべるべきで、開高さんもそうされていたのだと思います。

ラテン語　ヤマザキさんが締め切りに追われている時も、festina lente

開高健
1930年～1989年。壽屋宣伝部（現サントリー）のコピーライターを経て、芥川賞受賞を機に専業作家に。実際に従軍してルポ『ベトナム戦記』を発表するなど、ノンフィクションにも大きな足跡を残す。

に当てはまりますか？

ヤマザキ　毎日考えてます（笑）。締め切りで煽られている時は、この言葉を思い出さなくとも、物理的な時間の流れから一旦頭を引き離すようにしております。

ちょっと話は逸れますが、数々の名作品を残した谷口ジローさんとは彼の生前仲良くしていたのですが、ある日私が業界でのトラブルに飲み込まれて漫画を描く気持ちがすっかり萎えてしまい、もうやめてしまいたい、と思って谷口さんに相談をしたことがありました。谷口ジローという人は、フランスでは漫画の神様とされていて、現地の出版社から本を何冊か出されていたから、私も日本の出版社とは縁を切ってイタリアやフランスで本を出そうかな、と。そうしたら「それはやめたほうがいい」と単刀直入に言われました。

彼に言わせると「締め切りがあるから、良い漫画を描けるんだ」ということでした。フランスやイタリアでは、連載形式ではなく、描き下ろしで1冊の漫画を描くのに1年から数年の時間を費やすのが普通です。

谷口ジロー
1947年～2017年。1971年デビュー。『「坊ちゃん」の時代』（関川夏央原作）『孤独のグルメ』（久住昌之原作）『神々の山嶺』（夢枕獏原作）など。2011年にはフランス芸術文化勲章シュバリエ章を授章。

日本みたいに大量生産として漫画を売り出す文化がありません。扱われ方は大衆文化というよりも、芸術に近い。私がもともと油絵の人間だから、そういうほうが合うんじゃないかと思ったのですが、谷口さん曰く、焦りに駆り立てられるからこそ得られる集中力がある、ということでした。私はその言葉を聞いた瞬間に、festina lente という言葉を思い出したわけです。

今のイタリア人には、festina lente は通じないかもしれません。家族を見てても、festina（急げ）はあまり重要ではないみたいな暮らし方をしていますから。時間に拘束されて良い作品なんかできるわけないじゃないか、といくつもの連載の締め切りに追われてボロボロになっているところを責められたこともありました。イタリア人が古代ローマ人とはメンタリティが違うのがよく分かります。

デッドラインを守りつつ、職人的に細部に気を配っていいものを作ろうとする古代ローマ人の気質は日本人と共有できますね。

ラテン語　読者に向けてここでアウグストゥスについても補足しておく

と、彼はローマ帝国の初代皇帝です。三頭政治における政敵のマルクス・アントニウスを打ち倒して、ローマを帝政に移行させた人物です。アウグストゥス自身は自らを皇帝ではなく、プリンケプス「(市民の)第一人者」と表現していますが。

ヤマザキ　festina lente は、やり手で賢明で、極めて戦略的《ストラテジック》だったアウグストゥスらしい言葉ですね。

パリ市のモットーに学ぶ

ラテン語　開高健がよく使っていた言葉に「漂えど沈まず」もあったそうですが、これはパリ市のモットーである fluctuat nec mergitur「**たゆたえども沈まず**」に似ています。

ヤマザキ　開高さんは、格言の引用が大好きな人ですね。コピーライターという仕事をしていたことを踏まえると納得できます。荒波が多くてうまく舵《かじ》は取れないけれど、沈むことはない。しぶとさ、生命力を感じさせる格言ですね。パリという街らしい粋《いき》なモットーですが、そもそもの由来は何でしょうか？

ラテン語　いろんな説があるんですが、中世に教皇が書いたラテン語です。神聖ローマ帝国のフリードリヒ2世がカトリックの国と戦争をしていた時に、教皇が「カトリックという船を攻撃しても無駄である。揺れはするけれど、その船は決して沈まないのだから」と、そういう意味で使ったのが最初で、それがパリ市のモットーになったんだと思います。

ヤマザキ　歴史の質感を感じさせるセンスが素晴らしい。これを引用する開高さんもだけど。

ラテン語　モットーにしているのはフランスのパリ市ではありますが、ヤマザキさんが住んでいるイタリアの都市にも、荒波に揉《も》まれながらもたくましく存続する歴史ある街というイメージはありますか？

ヤマザキ　古代ローマは建国時から1000年の間、歴史に残り続けるような戦争がいくつも起きていますし、あらゆる激動を乗り越えてきた国家です。最後はまあ、沈んでしまうのだけれど、そんな古代ローマに関して言えばdum vivimus vivamus「生きている間生きようではない

神聖ローマ帝国
962年にオットー1世がローマ教皇により戴冠してから1806年にフランツ2世が辞するまで長らく続いたドイツ国家。

フリードリヒ2世
1194年～1250年（皇帝在位：1220年～1250年）。シチリア王でもありイタリア統一を目指したが実現せず。ローマ教皇と対立した。

か」のような言葉に通底するものを感じます。

ルビコン川を渡れ

ラテン語　続いては、iacta alea est「**賽《さい》は投げられた**」です。「賽は投げられよ」という命令形のギリシャ語のことわざがもとだと考えられていて、それをカエサルが使った。ルビコン川を渡ってイタリアに侵攻する。つまり元老院に盾突く。その決断の際の言葉です。

ヤマザキ　古代ローマという歴史を語る上ではあまりにも有名な言葉、有名な場面です。「賽は投げられた」という言葉そのものの含意よりも、カエサルの踏み切った行動が重要と言えるでしょう。

ラテン語　引き返さない決断。

ヤマザキ　一線を越えた、ということですよね。

ラテン語　英語でも cross the Rubicon という表現は「後戻りができない決断をする」という意味になります。ヤマザキさんのイタリア行きはまさにこれだと思うのですが、いかがでしょう？

ルビコン川
アドリア海にそそぐイタリアの小川。カエサルが渡った時、本土と属州を隔てる境界線だった。

ヤマザキ　確かに賽が投げられた感、ありましたねえ。片道航空券でしたから、飛行機に乗った瞬間に「もう簡単に日本には戻れないのだなあ」という感慨を抱きました。行ったら行ったで最初の頃はカルチャーギャップに本当に苦しめられましたけれど、辛さに耐えかねて「やっぱりダメでした」と、さっさと帰ってしまっても、残る後悔に苦しめられそうだなという思いもありました。だから後戻りはできなかったですよ。

でも人生においては、そういう一線を越える瞬間が必要なんじゃないかと思いますよ。そういう思い切りを持たないと開いていかない人生もありますから。ラテン語さんもないですか？　絶対にありますよ。

ラテン語　私にとっては最近のことかなと思います。今は会社に勤めていますが、そろそろ辞めて、ラテン語さん一本でやっていく。会社員の安定を手放す。ルビコン川が近づいてきました。

ヤマザキ　すごい、ラテン語さんの緊迫感が伝わってきました（笑）。ルビコン川を渡ることで、人はそれまでの馴れ合いの環境に甘え続けていられないという責任感を抱くことになる。人が成熟する上で欠かせない感覚でしょう。カエサルのこの言葉が歴史に残ってきたのは、やはりどの時代の人も一線を越える勇気と必然性というのを感じてきたからなのではないでしょうか。

ラテン語　1作目の『世界はラテン語でできている』を発表した後、ラテン語さんとして生きていくという思いが強くなり、それまで公開してこなかった自分の顔をメディアに出すという決断もしました。

本を出すまでは顔出しNGと編集者に伝えていたのですが、顔を出したほうが認識されやすい部分もあると思い、加えて顔出しを求めるメディアが多かったこともあって、やっぱり出すことにしたんです。

確かにそれは大きな決断であり、怖く思う気持ちもあったんですが、今では出して良かったと思っています。読者から反応があったし、おかげでいろんなメディアに呼んでもらえました。

ヤマザキ　賽を投げられて次なる展開に差しかかるわけですが、そこには充足感も伴うということですよね。

ラテン語　そうですね。いよいよこれから先も、ラテン語さんとして生き続けなければいけない。その思いが強くなりました。

ヤマザキ　自らの成熟のためにも良い決断だったのではないでしょうか。これからルビコン川を渡るラテン語さんには、miseris succurrere disco「私は不幸な人々を助けることを学んでいます」の格言について話していた時に言い淀《よど》んでいた、人に救われる経験というのも増えていくのではないでしょうか。

直接相対する人だけじゃなく、格言を通じて歴史上の偉人たちに救われることも、これから何度でもあると思いますよ。これだけたくさんの格言を知っていれば、ラテン語さんの前途は大丈夫ですよ。楽しみですね。

第7章 歴史の教訓

VII

本章に登場する座右のラテン語

inter《インテル》 arma《アルマ》 silent《スィレント》 leges《レーゲース》

法律は武器のなかにあっては沈黙する

キケロー『ミロー弁護』

quicquid《クィククィド》 delirant《デーリーラント》 reges《レーゲース》, plectuntur《プレクトゥントゥル》 Achivi《アキーウィー》

王たちがどう狂乱しても、
アカイア人たちがそれを償うことになる

ホラーティウス『書簡詩』

omne《オムネ》 bellum《ベッルム》 sumi《スーミー》 facile《ファキレ》, ceterum《ケーテルム》 aegerrime《アエゲッリメー》 desinere《デースィネレ》

戦争は始めるのは簡単だが終えるのは極めて困難だ

サッルスティウス『ユグルタ戦争』

meilor《メリオリ》 tutiorque《トゥーティオルクェ》 est《エスト》 certa《ケルタ》 pax《パークス》, quam《クァム》 sperata《スペーラータ》 Victoria《ウィクトーリア》

確実な平和は期待される勝利より優れ、より安全である

リーウィウス『ローマ建国史』

quid《クィド》 stultius《ストゥルティウス》 quam《クァム》 ob《オブ》 causas《カウサース》 nescio《ネスキオー》 quas《クァース》 certamen《ケルターメン》
eiusmodi《エイユスモディー》 suscipere《ススキペレ》, unde《ウンデ》 pars《パルス》 utraque《ウトラクェ》 semper《センペル》 plus《プルース》 aufert《アウフェルト》
incommodi《インコンモディー》 quam《クァム》 boni《ボニー》?

なんとなくの理由でこのような戦争を始め、
双方が得よりも損をする結果を生んでしまう。
これよりも馬鹿げたことがありますか？

エラスムス『痴愚神礼讃』

VII 歴史の教訓

libenter《リベンテル》 homines《ホミネース》 id《イド》 quod《クォド》 volunt《ウォルント》 credunt《クレードゥント》

人は自分の信じたいものを喜んで信じる

カエサル『ガリア戦記』

bonis《ボニース》 nocet《ノケト》 qui《クィー》 malis《マリース》 parcit《パルキト》

悪人を許す者は善人を害する

偽セネカ『道徳格言集』

fama《ファーマ》, malum《マルム》 qua《クァー》 non《ノーン》 aliud《アリウド》 velocius《ウェーローキウス》 ullum《ウーッルム》

噂、これ以上速く進む悪は存在しない

ウェルギリウス『アエネーイス』

panem《パネム》 et《エト》 circenses《キルケーンセース》

パンとサーカス

ユウェナーリス『風刺詩集』

latet《ラテト》 anguis《アングィス》 in《イン》 herba《ヘルバー》

蛇が草のなかに隠れている

ウェルギリウス『牧歌』

quis《クィス》 custodiet《クストーディエト》 ipsos《イプソース》 custodes《クストーデース》?

誰が見張り番を見張るのか？

ユウェナーリス『風刺詩集』

tum《トゥム》 denique《デーニクェ》 homines《ホミネース》 nostra《ノストラ》 intellegimus《インテッレギムス》 bona《ボナ》, quom《クォム》 quae《クァエ》
in《イン》 potestate《ポテスターテ》 habuimus《ハブイムス》 ea《エア》 amisimus《アーミースィムス》

我々人間は、自分が好きに扱えるものを失くして
はじめてそれが大切なものだったと気づく

プラウトゥス『捕虜』

mendacem《メンダーケム》 memorem《メモレム》 esse《エッセ》 oportet《オポルテト》

嘘つきは記憶が良くなければならない

クインティリアーヌス『弁論家の教育』

haud《ハウド》 parva《パルウァ》 res《レース》 sub《スブ》 titulo《ティトゥロー》 prima《プリーマー》 specie《スペキエー》 minime《ミニメー》 atroci《アトローキー》
ferebatur《フェレーバートゥル》

軽微ならざる事案が、
見かけは極めて穏当な形で発議された

リーウィウス『ローマ建国史』

historia《ヒストリア》 vitae《ウィータエ》 magistra《マギストラ》

歴史は人生の教師

キケロー『弁論家について』にある文章が元になった言葉

正当防衛か侵略行為か

ラテン語　ここまでは、どちらかというと一人の人生に効く言葉を見てきました。今からは、まさに現今の世界情勢も混沌《こんとん》を極めていますが、戦争というトピックでラテン語世界を見ていきたいと思います。時事問題に通じるラテン語です。また、戦争といった悪にどう向き合うか、どう用心して生きるかといったことにも話を繋げられればと思います。

まず、inter arma silent leges「**法律は武器のなかにあっては沈黙する**」。キケローが裁判において、殺人を犯したミローという人を弁護する立場でこの言葉を言いました。

殺されそうな人は相手を殺してでも自分を守る。それは当然のことだろう。だから法律に関係なく、正当防衛で相手を殺していい。もともとはそういう文脈における言葉だったのですが、今では「戦時中は何でもありになってしまって、法律が無視されてしまう」という解釈で広がっている格言です。正当防衛でなく戦争批判の文脈に変化したのですね。

ヤマザキ　私がこの言葉を選んだのも、後者の意味で捉えたからです。今の時代で言えばイスラエルとパレスチナ、そしてロシアとウクライナにしても法律の効力は希薄です。武器は大きなお金を動かしますから、法律はそこに服従してしまうのでしょう。

ラテン語　正当防衛の文脈で捉えても、現代にリンクする部分があります。つまり、正当防衛が武力行使の建前になってしまっている。

ヤマザキ　自分たちが正義であり、正しいと思っている勢力からすれば、侵略も正当防衛になるということですよね。

ラテン語　そうです。アメリカが大量破壊兵器の存在をでっちあげて中東に侵攻したように。

ヤマザキ　こうした格言が他の名言とともに20世紀以上も残り続けているその背景に、常に戦争を起こさないと気が済まない人間の性質というものを痛感させられます。

終わらない戦争

ラテン語　quicquid delirant reges, plectuntur Achivi「**王たちがどう狂乱しても、アカイア人たちがそれを償うことになる**」。これはホラーティウスが古代ギリシャ詩の『イーリアス』について『書簡詩』で表現した文章です。

ヤマザキ　アガメムノンがアポロンを怒らせる場面ですよね。いろんな状況で使うことのできる言葉ですね。

ラテン語　そうですね。戦争に当てはめれば、上級軍人や為政者は戦争に携わっていても自分たちは負傷することなく暮らしているし、あまつさえ戦争を始めたり激化させたりするけれど、戦時中の下級軍人は傷つき、国民も大変な暮らしを強いられるということです。

ヤマザキ　今もまったく同じというか、人間というのはつくづく学習できない、または学習したくない生物なのだと思います。

ラテン語　omne bellum sumi facile, ceterum aegerrime desinere「**戦争は**

イーリアス
ホメロス作と伝えられるギリシャ最古の長編叙事詩。全24巻。紀元前8世紀頃成立。トロイ戦争を描く。

アガメムノン
トロイ戦争におけるアカイア（ギリシャ）軍総大将。

始めるのは簡単だが終えるのは極めて困難だ」というのは、サッルスティウスの『ユグルタ戦争』からですが、これも現代に通じますね。ウクライナ戦争は終わりが一向に見えてきません。
ヤマザキ　だいたい中東で起こっている紛争の動機やきっかけは、ほぼ古代の時代から変わっていないですからね。
ラテン語　戦記を読んでいると、確かに勇ましい、俗っぽくいえばカッコいい面もあるにはあるんです。例えば、カエサルの部下のクラスティヌスという人が合戦の日に言ったのが、「今日私が死んでも生きていても、あなたは私にお礼を言うことになるでしょう」。
　こういったエピソードを見ていくと、戦のロマンというものを感じる一方で、やはり大前提として平和を希求《ききゅう》する気持ちがあります。
ヤマザキ　meilor tutiorque est certa pax, quam sperata victoria「**確実な平和は期待される勝利より優れ、より安全である**」という格言をラテン語さんは選んでいますが、仰《おお》せの通り、平和と安寧を望む気持ちは当時の人たちにもあったことが分かります。

ユグルタ戦争
紀元前111年〜前105年に起きた、ローマと北アフリカの王国ヌミディアとの戦争を、サッルスティウスが戦記にまとめた。ヌミディアの王ユグルタがローマに反旗を翻したことで勃発。

ラテン語　『ユグルタ戦争』では、戦争を始める人と終える人は同じ人ではないことも書いています。戦争を始めるのはどんな臆病者でもできるが、終わるのは勝っているほうがやめたいと思う時だけ。戦争を始めた人とは異なる、勇気ある人が必要だと示唆しています。

ヤマザキ　だとすると勝利がはっきりするまでは終わらないということになってしまいますが、複雑な構造によって展開される戦争というものの実態を生々しく反映している言葉ですね。

ラテン語　meilor tutiorque est certa pax, quam sperata victoria は、リーウィウスの『ローマ建国史』のなかの、ハンニバルのスピーチに使われた言葉です。その時点では戦いを求めていなかったハンニバルが、ローマを説得するために行ったスピーチです。明日の百より今日の五十ということわざにも通じる言葉かと。

ヤマザキ　平和というのがそもそもどういうものなのか。勝った負けたで得られるものではなく、そこに問われるのはやはり人の知性や寛容さなのかもしれません。ちなみにリーウィウスは私たち夫婦が暮らしてい

リーウィウス
紀元前59年〜後17年。古代ローマの歴史家。

ローマ建国史
建国からアウグストゥス帝時代までを描く全142巻の大作。現存は35巻だがローマの歴史を知る一級の史料となっている。

ハンニバル
紀元前247年頃〜前183年頃。カルタゴの名将として、第2次ポエニ戦争でローマを苦しめたが、前202年のザマの戦いで敗北。

るパドヴァ出身ですが、うちの夫がとても尊敬しています。

正義を吟味する

ヤマザキ　古代から現代まで、私たちは戦争の時代を生き続けています。私は母が第二次世界大戦の経験者だったので様々な話を聞かされてきましたが、かつて暮らしていたシリアや、度々訪れたり、友人がいたレバノンが爆撃で無惨な状態になってしまった映像を見ると、戦争を体験していなくても、自分の思い出や記憶が粉砕されてしまったような、実に辛い気持ちになります。

　これだけたくさんの戦争を揶揄したり平和を求める格言が残り続けているのに、人は相変わらず戦っている。そう考えると問題解決に対するアドヴァイスというより、人間の生き方を短く要約した観察記録と捉えることもできますね。

ラテン語　戦争中の当事者に対して、古代の引用句とともに「戦争反対」と言っても、その効果には限界があると思います。できることは、次の世代に戦争の虚《むな》しさを伝え、将来戦争を起こさないようにすること。教育が大事なのかなと思います。

ヤマザキ　何が何でも自分たちの正義や信仰を正当化し、相手に認知させたいというのが戦争の理由なのだとしたら、もとより「正義」という言葉自体がもっと吟味されなくてはいけないように思いますね。国や地域や歴史や宗教が変われば当然〝正義〟とされるものも変わる。〝正義〟というのは、世界中の人々が共通の認識で解釈できる言葉ではないということです。

ラテン語　正当防衛にしても、何が「正当」なのか。

ヤマザキ　〝正義〟も〝正当〟も実は時代や場所によっていかようにでも変化する、とても曖昧なものなんですよ。

エラスムスの平和論

ヤマザキ　ラテン語さんの選んだ quid stultius quam ob causas nescio quas certamen eiusmodi suscipere, unde pars utraque semper plus aufert incommodi quam boni?「**なんとなくの理由でこのような戦争を始め、双方が得よりも損をする結果を生んでしまう。これよりも馬鹿げたことがありますか?**」というのも、まるで現代における新聞の社説のようじゃないですか。

ラテン語　そうですね。これはエラスムスの『痴愚神礼讃』からです。

近代の15~16世紀を生きたエラスムスがラテン語を書き、ヨーロッパのいろんな文人と文通し、あるいは実際に会い、ラテン語で話し、大学でラテン語により講義を行う、というように、ラテン語というのは古代ローマにとどまらず、長きにわたって使われ続けています。この言葉を紹介しようと思ったのには、そういう理由もあります。

エラスムスという人文学者は平和主義者であり、『平和の訴え』という著作もあります。平和を擬人化した神がスピーチをする形式で書かれています。岩波文庫でも翻訳が出ているので読者の皆さんにもぜひ読んでいただきたいです。エラスムスの時代もヨーロッパ各地で戦争が起こっていて、それに加えてカトリックとプロテスタントの宗教戦争も起こ

痴愚神礼讃
愚神礼讃とも。痴愚の女神に仮託して教会や王侯貴族を風刺した。1511年に刊行され、16世紀のベストセラーとなった。

宗教戦争
宗教改革を受けてキリスト教の新旧両派の対立が深まり、そこに各国各地域の政治的意図も加わって16~17世紀のヨーロッパでは紛争がやまなかった。

り始めた時代です。

ヤマザキ　宗教戦争も小規模国家間の対立も当たり前でしたから、いろいろと思うことがあったはずです。

ラテン語　そうですね。戦争の勝敗や勝利国の行く末をいくつも見つめたのだと思います。エラスムスの言葉の通り、勝った側でさえ苦しむということは歴史上結構あります。

ヤマザキ　戦争というのは発生した時点で無条件に命を落とす人たちが出てくるわけで、勝っても負けても損失に対する悲しみや苦しみは伴います。そんなに意見の食い違いに苛立《いらだ》つのであれば、みんなとりあえず風呂にでも入れば!?と思います。湯船のなかで争いの気持ちを奮起させるのはなかなか簡単じゃありませんからね。投げやりな意見ですみません。

人は信じたいものを信じる

ラテン語　カエサルの libenter homines id quod volunt credunt「人は自

分の信じたいものを喜んで信じる」は、よく知られた言葉です。古代ギリシャの弁論家デモステネスも、同様の言葉を残しています。

ヤマザキ　また新たに20世紀経っても未だに通用する言葉が出てきました。聞きたい言葉しか聞きたくない。自分に都合が悪いことは聞きたくない。現代の人間社会の実態を生々しく浮き彫りにした言葉です。

ラテン語　現代はそれに輪をかけて、例えばSNSだとアルゴリズムによって各々のユーザーの関心のあることしか表示されないようになっています。

ヤマザキ　見たいもの、見たくないものを、自分じゃないものが決めてるってことですよね。このままでいくといずれ人間は耐久力も持久力もない、脆弱《ぜいじゃく》を極めた最悪な生物になってしまいそうで怖いです。知恵や想像力は使い方を間違えただけで、自滅装置みたいなものになってしまいますから。

好きだろうと嫌いだろうと何だろうと、そういうものが渾然一体となった社会で生きていかなければならないという認識能力や、自力で物事

デモステネス
紀元前384年～前322年、アテナイの政治家で、弁論家として活躍。マケドニアの脅威に対してアテナイの自由を説いたが叶わず、自殺。

を判断したり考えたりする力を、お願いだから奪わないでもらいたい。

第二次世界大戦中も、人々は日本の勝利を仄《ほの》めかすように仕込まれた情報だけを信じていたわけですけど、敗戦を機に、信じたいものだけを信じるのではダメだと学習したはずなんです。だけど相変わらず情報の腹黒さと、それに乗っかってしまう人々のメンタリティは未だに変わっていません。

ラテン語　現代においては、自分の意見を発信するにしても、賛成するだろう人だけに対して発信して、期待通り賛成をもらって満足する。あまり他の立場の人の意見を聞きたがらないという問題がありますよね。

ヤマザキ　先ほどの〝正義〟とか〝正当〟といった、自分勝手な思い込み以外の考え方を遮断し、他の人の異論を受け止められなくなってしまう。この言葉はまさにそうした傾向に対しての警鐘ですよね。

ラテン語　意見を異《こと》にする人からも聞くということが、平和は平和でも、戦争という有事に対する平和ではなく、社会の二極化を避けるという、平時における平和的解決のために重要なことだと思います。

ヤマザキ　カエサルは、さすが多くの人と関わりを持ち、大軍を引っ張った人物なだけに、人間の心理をよく理解していると思いました。

ラテン語　紹介したのは、『ガリア戦記』からの引用ですが、カエサルは他の著作でも類することを言っています。人というのは自分が欲するものを欲して、他人が自分と同じような感覚を持つことを望むものだと。

ヤマザキ　こんな言葉を生み出せる人ですから、借金だらけであっても、自分の妻を寝取られても、拒絶されることがない人たらしだったのだと思います。

ラテン語　私がラッキーだったと思うのは、大学生の時にディベートのサークルに入っていたことです。

とあるトピックについて賛成か反対かで議論するんですが、賛成側と反対側のどちらに回るのかはまったくのくじ引きです。自分の意見とは逆の立場になることも多々あります。自身の考えとは違う立場を代表し、代弁し、立場を守り、議論するという経験をしたことで、カエサルの言っている心理に陥らずに済んでいます。

ガリア戦記
紀元前58年〜前51年にローマ軍を率いてガリアに遠征したカエサル自身による記録。ガリアは現在のフランス。

ヤマザキ　どっちが正しい、正しくないという真意を探るよりも、まずは対立する人とコミュニケーションを取り、異論をあえて理解してみようと思う意欲、それを失わないことが大切なんだと思いますね。

正義を吟味する、悪を吟味する

ラテン語　次に紹介したいのが bonis nocet qui malis parcit「**悪人を許す者は善人を害する**」です。

ヤマザキ　セネカの言葉ね。

ラテン語　そのように伝わっています。犯罪者を英雄視するであるとか、悪人に甘い考えを持つような人がいると、将来的には真面目に生きてきた人が害を被ることになってしまう。現代でも、メディアで犯罪者がいいように描かれたり、同情的に報道されたりすると、共感する人が出てしまう、ということがあると思います。

ヤマザキ　悪人と善人の線引きが難しい場合もありますね。思想が異端なだけでも悪人とされてしまう場合もあるし、鼠小僧みたいな例もあり

鼠小僧
1795年〜1832年、江戸時代の盗賊。大名屋敷だけを標的にしたことから義賊とされる。

ますから。極悪人の味方になるには、例えばよほどの信仰心や執着が必要になるから、そんなにはいないんじゃないかという気もするのですけど。

ラテン語　現代でも、かなりの重罪で刑務所に長く入っている服役囚にも、ファンレターが結構届くらしいですね。

ヤマザキ　確かにマフィアのイメージなんていうのは、まさにそこに当てはまりそうです。例えば『ゴッドファーザー』を心の映画に挙げる人はたくさんいますよね。かくいう私もこの映画も日本のヤクザ映画も大好きで夢中で見てしまいます。古代ローマでも、極悪人もお金さえ出せば罪を解消してもらえたりしてたんじゃないかなあ。

ラテン語　うーん、どうでしょう。許される場合もあったでしょう。

ヤマザキ　とにかく、古代ローマの治安は相当悪かったはずですよ。今とは比べ物にならないくらい。

ラテン語　犯罪者に過度に甘い考えを抱くことを抑制するために出た言葉だと思います。

ゴッドファーザー
1972年公開の映画。監督はフランシス・フォード・コッポラ、原作はマリオ・プーゾ。アメリカに生きるイタリア系マフィア一族の物語。アカデミー賞3冠。続編も評価が高い。

人はどうして噂を信じてしまうのか

ラテン語　次は、fama, malum qua non aliud velocius ullum「**噂、これ以上速く進む悪は存在しない**」です。ちなみに velocius は velox「速い」の比較級です。

ヤマザキ　カフェ・ベローチェの veloce「速い」ですね。イタリア人の夫がこのカフェのネーミングを見て「カフェなのに寛《くつろ》げなさそうで、なんだか入れない」と一言漏らしたことがありました。

ラテン語　そうです。あれはスピーディーにコーヒーが出てくることを表した名前です。紹介した格言は、本書でも何度も出てきた『アエネーイス』で、女王ディードーがアエネーイスに熱を上げて、治政がおろそかになっているのではとカルタゴ人から噂されたことについて、ウェルギリウスが書いたものです。

ヤマザキ　信憑性《しんぴょうせい》の有無にかかわらず、噂というものは人の意識を巻き込む大きなエネルギーを持っていると言いますから。

カフェ・ベローチェ
首都圏を中心に展開する日本のカフェチェーン。

ラテン語　そうなんです。火のないところに煙は立たぬとはよく言われますが、実際は火のないところに煙を立たせる人もいます。噂とはそういったものだと思います。

私も中学校時代、「あいつはテストでいい点を取ったから、誰々を見下している」という噂を流されて、すぐ後になって「調子に乗らないように」と別の人から窘《たしな》められて、広まった噂に気づくということがありました。どうやら、私より少し下の点数の人が噂を広めていたようです。

ヤマザキ　噂を広げて可視化できない攻撃を仕掛けるのって、本当に非人道的で狡《ずる》いなあ、と思います。噂という攻撃を受けた人は場合によっては疲弊し、ボロボロになって、生きる力を奪われたりもしますからね。週刊誌のゴシップもまた真実や真意が曖昧なのに、人の好奇心を煽ってその後の保証はしない。まさにそれですよ。今は新聞やテレビの報道ですら信じられないという人たちも大勢います。とにかく、そういった媒体を含め、人が言ってることについては、面倒でも一旦は「それって本当なんだろうか」という疑念を持たないといけないと思います。

ラテン語　一時は信じるほうがコスパがいいんでしょうけど、後々になって噂に苦しめられるのは自分たちでしょう。例えば、オイルショックの時のトイレットペーパーの買い占めとか。

ヤマザキ　コロナ禍でもいろいろありましたね。噂であろうと何であろうと、信じるっていうのは人のせいにできるから楽なんですよ。信じた人に裏切られれば裏切った人が悪いとなるし、噂に踊らされても、噂が悪いとなる。

イタリアみたいな国では「裏切られた」というと「信じたお前が悪い」と返されます。信じる前に吟味しろ、裏切られたり、失敗したりする責任は自分で持て。これはイタリア人のみならず、東欧や中東などでもよく耳にする言葉です。そこには地中海文明で培われた精神性が継承されているように思います。

ラテン語　「信じられぬと　嘆くよりも　人を信じて　傷つくほうがいい」と歌う「贈る言葉」の反対ですね。

ヤマザキ　裏切られるという経験があまりなかった人の歌ですかね

（笑）。

パンとサーカス

ヤマザキ　噂というものの威力越しに見えてくるのは、人という生き物の操られやすさです。panem et circenses「**パンとサーカス**」というのは、手短に人を寄せ集め、体《てい》よく操るための手段ですよね。

先ほども話しましたが、戦争に負けた後、日本はアメリカの支配下に置かれ、同時にアメリカが提供する様々な文化を積極的に吸収してきました。例えばロックやジャズのような音楽もそうだし、映画、ハンバーガーやピッツァのような食文化。エンタメと食べ物は人々に生きる喜びや快楽を提供するコンテンツですから、日本人は喜んでそういったものを受け入れた。パンとサーカスは、それとまったく同じことです。

要するに、戦争で征服した属州に、コロシアムのような娯楽を楽しむ施設と食料供給網を持ち込むことで、現地の人々を喜ばせるわけです。古代ローマ式領土拡張の大事な点は、まず支配した属州の風習、習慣、信仰には干渉はせずにローマ式な思想や文化を染み込ませていく。温泉を含む浴場というのも、まさに古代ローマにおける快楽を掲げた重要な外交力です。娯楽と快楽を提供すれば、民衆はいとも簡単に操られてしまうわけです。

ラテン語　穀物の無償配給は簡単に思いつきそうですが、娯楽も為政者の重要事と目を付けていたのがすごいですね。戦車競走であるとか。

ヤマザキ　円形劇場で行われていた闘技も、半円劇場で催されていた喜劇や悲劇といった演劇のエンタメ統治力も半端ありません。パンが肉体を満たす供給源であるのと同様に、サーカスは精神面に快楽という充足感を与えます。スポーツ競技もオリンピックを見れば分かるように、古代から民衆を動かす力を備えたイベントとして、現代にまで受け継がれていますからね。

ラテン語　娯楽の強力さは、アウグスティヌスの『告白』にも描写されています。真面目だった青年が友達に誘われて剣闘士競技を見に行きます。最初のうちは競技場には行っても見ないように見ないようにと気を

アウグスティヌス
354年〜430年。神学者、司教。北アフリカ生まれ。マニ教を信奉していたが、新プラトン主義などの影響を受けてキリスト教に入信。教義の確立に寄与した。

告白
アウグスティヌスの自伝。マニ教入信など過去の過ちを告白し、キリスト教への回心を語る。

つけて目を閉じているのですが、観客の歓声といった熱気に当てられて遂《つい》に目を開くと、そこからはもう一気に引き込まれ、競技場に通うようになる。そんな話が載っています。

ヤマザキ　結局は群集心理ですよね。長いものに巻かれ、大きなものの一部になることで得られる掛け値なしの安心感。集団と同じ価値観で同じものを楽しみたくなる同調心理。エンタメは、人気が大きいほど民衆を大きな塊にして、1つの大きな力にまとめる手段としても活用されるのです。エンタメを国策にしている国もあるくらいですからね。政治力としては受け入れられなくても、文化であれば、自覚もないまま人々の暮らしに侵入してきますから。

ちなみに、サーカスの語源がラテン語のcircus「輪」で、円形劇場に由来するのを知らない人は多いと思います。『オリンピア・キュクロス』という漫画ではオリンピックをテーマにして古代ギリシャ人が1960年代にタイムスリップする物語を描きましたが、古代の人にしてみれば、今でも当時とさして変わらぬ様子のスポーツ競技場があることにびっくりすると思いますよ。私なぞ、東京の国立競技場の前を通るたびにコロッセオの現代版だと思ってしまいますから。

ラテン語　競技や娯楽で市民の政治への関心を失わせるという。

ヤマザキ　そうですね。そう考えると、現代世界における表層的な「情報」というやつも、今や人を操作するエンタメの一種でしょう。

ラテン語　例えば民放は、まったくお金を払わずに見られる娯楽です。

ヤマザキ　でも古代ローマ時代も、コロシアムの国が仕掛ける催し物を胡散《うさん》くさいと思ったり、嫌う人もいたんですよ。大プリニウスとか。あくまでマイノリティですけどね。

草のなかの蛇

ヤマザキ　用心の重要性を教えてくれるものでいうと、latet anguis in herba「**蛇が草のなかに隠れている**」という言葉でしょう。安心だと思っていた場所を歩いていたら、いきなり蛇に咬《か》まれてしまう。

ラテン語　危険は見えないところにある。

ヤマザキ　今の日本は治安がどんどん悪化しているから、まさにこの言葉がストレートに当てはまりますね。治安とは違いますが、私は日本人は皆勤勉で真面目で、親切に接していれば向こうも同じく親切に接してくれる人種だと思い込んでしまったせいで、日本での仕事がメインになってから、随分いろいろと痛い目に遭いました。友達だと思って付き合っていた人が、自分を利用していただけだと知った時はショックでした。しかもその人にはそんな自覚はない。そんな場合にもこの言葉を使えるでしょう。

ラテン語　「草のなか」という見えにくいところに隠れているという意味では、街中の怪しい勧誘がまさに「蛇」でしょうか。ちょっとしたアンケートにご協力いただけませんか。そういう類いの、普通の人の仮面を被《かぶ》った勧誘です。

ヤマザキ　そういう譬《たと》えにも取れますね。当たり障りのない人だと思っても、内心では何を考えているか分からない。

ラテン語　広告もこの譬えに当てはまると思うのですが、合法的な広告でも、下にごく小さい文字で注意書きが隠れていますよね。

ヤマザキ　蛇というのは思いもかけないようなところにいる。それが蛇自身にも自覚がない場合がある。それだけは確かです。

誰が見張り番を見張るのか、そのまた見張りは？

ラテン語　quis custodiet ipsos custodes?「**誰が見張り番を見張るのか？**」。これはユウェナーリスという風刺詩人の詩にあるもので、かなり意外な文脈における文章です。浮気をする妻をどうやって浮気させないようにするか。例えば家のなかに閉じ込めて見張り番を置いても、見張り番を誘惑するだろうという文脈です。

ヤマザキ　個人的に感じていた辛さから生まれた言葉なんですね。

ラテン語　そうなんです。浮気について言っていたフレーズが、今では治安維持組織の暴走を表すのに引用されているのが面白い点です。

ヤマザキ　それこそ、信じる心だけではやっていけないということですよね。見張り番が信用できないとして、見張り番を見張る見張り番を置

ユウェナーリス　60年～128年。16篇からなる『風刺詩集』が代表作。

いても、今度は見張り番の見張り番は誰が見張るのかが問題になる（笑）。キリがない。それくらい人なんてのは信用できません、ということでしょう。

だから、倫理を構成する宗教や民間信仰みたいなものが生まれてくるんですよ。これもエンタメと同じく、可視化できないメンタル統制術ですからね。息子は子どもの頃、私から「悪さをすると海坊主が現れて、海にさらわれちゃうんだよ」と伝えられて以来、ドアの外に海坊主が現れるかもしれないと思うと恐ろしくて、日々いい子になるよう努めたそうです。

ラテン語　そうなんです。お天道様が見ている。我々日本人の究極の見張り番はそれです。

失ってはじめて気づく大切なもの

ラテン語　続いてはプラウトゥスの言葉です。tum denique homines nostra intellegimus bona, quom quae in potestate habuimus ea amisimus

プラウトゥス
共和政ローマ期の劇作家。紀元前254年〜前184年。

「我々人間は、自分が好きに扱えるものを失《な》くしてはじめてそれが大切なものだったと気づく」。

近代にトマス・モアも同じようなことを書いていまして、政治に絡めて、別の為政者に代わった時に、前の為政者のやさしさに気づかされるとしています。実はこの対談はアメリカ大統領選や自民党総裁選を前にしているんですが、こういうことにならないように願っています。

ヤマザキ　まあでも、政治の世界は、「誰が見張り番を見張るのか?」くらいの気持ちでいたほうがいいでしょう。すべてを委ねてしまわないのが堅実です。

この言葉をもっと身近な状況に落とし込むのであるなら、喧嘩別れの後悔とかね。あと、親ですね。親が亡くなると、もうちょっと親孝行してあげればよかったと思う人は少なくないでしょう。それから、若い時にもっと勉強しておけばよかったという、よくありがちな学生時代の後悔もここに括れますね。

ラテン語　私もある時までは、大学の講義によく遅刻していました。そ

トマス・モア
イギリスの人文主義者。1478年~1535年。著書に『ユートピア』など。

れが中学時代の友達で大学に行けなかった人と話した時、「私も大学に行きたかった」と言われて絶対に遅刻はしないようにと気を引き締めた経験があります。自分の後悔でなくても、自分が好きに扱えるものが人にとっては貴重だと知ると、大切さに気づかされますね。

ヤマザキ　ラテン語さんは常に自省を怠らず大したもんですね。何でもない日々を大切に生きよう、という志があったりするけれど、私のように過去も今も絶え間なく立ちはだかる問題を乗り越えるために慌ただしい日々を送っていると、とてもそんなふうに穏やかな気持ちで自分のやっていることを省みることは、なかなかできません。

ラテン語　別に、持っているものを軽んじているわけではなく、生きるのに必死で、大切に思えるまでの心の余裕がないというのが実際のところではないでしょうか。

ヤマザキ　私なんかはもう、失くしても諦観する癖が付いちゃって。後悔が面倒になっていくんですよね。もとより、自分という人間をそんなに高く評価していないからなんでしょうけどね。失敗したところで、まあ所詮《しょせん》私のやらかしたことだから仕方がないよな、と諦めてしまう。人が離れていっても、まあそういう運命だったんだな、縁がなかったんだな。で終わり。楽ですよ。年齢ですかね（笑）。

ラテン語　恋人、親、家族、友人。一緒に過ごせる時間がある限りは、その時間を大切にする。

ヤマザキ　ラテン語さんはやさしいですね。それこそcarpe diem「一日を摘み取れ」ではありませんか。それに引き換え、私はひたすらひねくれババア道を突き進んでいるような心地になってきました（笑）。

クインティリアーヌスと三島由紀夫

ヤマザキ　mendacem memorem esse oportet「**嘘つきは記憶が良くなければならない**」。この言葉は、三島由紀夫が『不道徳教育講座』という本に書いていた一節に通じるものがあります。彼は確か、本当に頭がいい人じゃないと嘘はつき通せないと書いていたはずです。ばれない嘘、破綻のない嘘はメンテナンスが難しい。確かに、真実のほうが想像力を

三島由紀夫
作家。1925年～1970年。『仮面の告白』『金閣寺』『豊饒の海』など。俳優としても活動。次第に政治的傾向を強め、自衛隊市ヶ谷駐屯地で割腹自殺。

不道徳教育講座
1958年から翌年にかけて連載された三島由紀夫の随筆。井原西鶴の『本朝二十不孝』に倣った逆説的道徳論。

駆使しなくていい分、よっぽど簡単です。そもそも嘘というのは想像力によって作られるものですからね。三島の捉え方はこのラテン語に通じるところがあるように感じました。

ラテン語　クインティリアーヌスという修辞学者の『弁論家の教育』という著作に出てくる文章です。

ヤマザキ　弁論というのは、実はハッタリが大事だったりするわけです。あることないことを、説得力を交えて力強く説く。だから聞いてる人も半信半疑なんだけど、それをいかに面白く伝えられるかどうかが評価の基準となる。イタリアの学校での口頭試問なんてまさにそんな空気でした。私の愛するプリニウスの『博物誌』も、見てもいないものをさぞ見てきたかのように書いていますけど、あれはあれでいいんですよ。読む人も、そこに絶対の信憑性なんて求めてませんから。半分洒落だと思って面白がっていればいいのです。

アメリカ大統領選の候補者のスピーチなんかも、大言壮語に古代からの弁論の感じが出ている気がしますね。真実よりも、いかにインパクト

クインティリアーヌス
35年頃〜95年頃。弁論術の教師として名声を得た。

弁論家の教育
全12巻のクインティリアーヌスの主著。近世までヨーロッパにおける弁論術の定番教科書だった。

のある言葉で民衆の注意力を集められるか。

ラテン語　クインティリアーヌスが言っているのは頭の良さ全般というより記憶力なので、三島由紀夫とはまた少し違いますが、ある人にAを言い、また別の人にはBと言ったというような嘘の記録を覚えて破綻がないようにするのは難しいでしょう。

ヤマザキ　そうなると、やはり記憶力だけではなく、テクニックを要するので、頭脳を駆使しないとうまくいきませんよ。浮気の言い逃れなんかは典型例ですよね。

ラテン語　もちろん私は浮気をする気もないんですけど、仮にしようと思ったところで、記憶力にあまり自信がありません。

ヤマザキ　ならこんな仮想もやめておきましょう（笑）。

クインティリアーヌスも三島も、つまり嘘を侮るな、と言っているのだと思います。嘘をつく前に、自分が嘘を貫き通せるキャパシティがあるかどうかをよく吟味しなさい、嘘を徹底的に管理するのは大変だから、結論としては嘘はお勧めできません、という捉え方もできます。それでも頭のいい人はやってのけるんでしょうけど。

ラテン語　仮に自分が頭がいいとしても、そんなことに頭の良さを使いたくないものですね。

ヤマザキ　嘘で自分をすっぽり覆い隠している人も世の中にはいますけどね、そんな生き方は虚しいいんじゃないかなあ。記憶力や知恵の維持も大変そう。おっしゃる通り、嘘に費やせるエネルギーがあったら、他のことに使いましょう。

穏やかな時こそ水面下では

ヤマザキ　ラテン語さんが選んだ haud parva res sub titulo prima specie minime atroci ferebatur「**軽微ならざる事案が、見かけは極めて穏当な形で発議された**」という言葉はどう捉えてますか？

ラテン語　重大なことが表向きは穏やかに進められてしまう危険。リーウィウスの『ローマ建国史』にあるもので、選挙のルール改革についての文脈で出てきています。穏当な形で発議され決定された改革だったのですが、リーウィウスとしては思うところがあったのだと思います。

現代においても、例えば法案の可決。メディアもあまり大きく取り上げずに通ってしまったものに、社会を変える重大な法案があったりします。その危険を意識しなければならないと思います。

ヤマザキ　これもまた、まさに今の世情を表すような言葉ですね。

ラテン語　穏やかに過ごせている時こそ、水面下では危機が進行しているかもしれません。

ヤマザキ　先日、友人と話していて「茹《ゆ》で蛙」という比喩が出てきたのですが、蛙は生ぬるい湯に浸かっている間は危機を感じないけど、そのうち気持ちよくなって意識を失い、いつの間にか茹でられてしまっているという、それに重なる言葉だと思います。

巨大な費用を投じるオリンピックみたいなイベントだったり、どんどん増えていく消費税だったり、とにかくいろんな事案がいつの間にか決まってしまっていて、民衆はそれを受け入れるしかないという状況のための言葉でしょう。

例えば能登のように地震災害の復興が滞っているなかで、巨額を掛けた万博は着々と準備が進められていってるわけですが、けしからん！と叫んだところでどうにもならない。結局我々に届くのは、軽々しい事後報告です。

ラテン語　市民が目を光らせるべきですね。

ヤマザキ　そうです。「茹で蛙」になりたくないのであれば、気をつけなければなりません。

歴史は人生の教師

ヤマザキ　この対談の締め括りとしてhistoria vitae magistra「**歴史は人生の教師**」という言葉を取り上げたいですね。

ラテン語　キケローの言葉ですね。真似すべきこと、あるいは反面教師として避けるべきこと。それは歴史から学べるということです。

ヤマザキ　歴史は人間の軌跡であると同時に、人間と、人間社会で起こり得ることを記録した事典でもあると思います。歴史がこれだけ生き方の知恵の宝庫であるにもかかわらず、この分野を苦手だとする人が多いのは、歴史を面白く教えてくれる先生が少ないからではないでしょうか。イタリアやイギリスなど欧州では、よく課外授業で古代遺跡を前にいかにも歴史オタクっぽい先生がまるでさっきまで古代にいたような熱弁を振るっていて、生徒たちがそれを呆気《あっけ》に取られたような顔で見ていたりします。そういう先生が教えているのは試験のための歴史ではなく、生きるための、実践力のある歴史ですね。日本の教育環境にもそういう歴史の先生がもっと増えてほしいと思います。

ラテン語　「西暦何年にこういう出来事があった」という暗記ではなく、その事件から何を学べるか、他のどの事件とどのように連関しているか、自分はその事件をどう考えるか。こういうことをもっと教わるべきですね。

ヤマザキ　そうですね。そして我々がこの対談で取り上げてきた数々の格言は、まさにそうした歴史の流れの中で、いかなる時代においても、多くの人々を支え続けてきた珠玉の言葉たちだということです。自分の人生があと何年あるか分かりませんが、頻繁に思い出すようにしたいと思います。

ラテン語　私も今後は、ラテン語知識を伝えるだけでなく、ラテン語に見えることから現代人が何を学ぶべきかということもプラスして伝えていければと思っております。

おわりに

ラテン語さん

この本を手に取っていただき、そして読んでいただきありがとうございます。数々の格言を紹介しましたが、ローマ人は意外と現代日本に生きる我々と考え方が似ていたのだと感じたのではないでしょうか。人類400万年という時間の長さを考えれば、2000年なんて短い期間なのです。さらに、ヤマザキ先生が話していた現代イタリア人のものの見方から、古代ローマ時代から変わらないイタリアの側面を皆さんも多く知ったと思います。

それと同時にラテン語で書かれた作品自体に注目すると、そのような文学作品がローマ帝国滅亡後もヨーロッパで広く読まれていたこと、さらにそれを後世に残していこうと思った人が現代まで続いていることは特筆すべきことだと思います。古代ローマの作家も、2000年後に自分たちの作品が遠く離れた日本で読まれているとは想像もしていなかったことでしょう。

また、本書で話題になった格言の引用元となっている文学作品あるいはラテン文学全般に興味を持ったら、ぜひ元の作品も読んでみてください。多くの作品が日本語でも読めます。元の作品を読めば、自分自身に深く刺さる言葉、生き方のヒントになる言葉が他にも見つかるかもしれません。

さらに、ラテン語自体を学ぶのもおすすめです。実際にラテン語を学んで原文で作品に触れることができれば、古代ローマのラテン語の響きをそのまま感じることができます。それだけではありません。ラテン詩には決まった韻律がありますが、翻訳ではどうしても反映することができません。ラテン語やラテン詩の韻律を学べば、引用句をより深く学べて、古代ローマのリズムも楽しむことができるのです。

ラテン語は比較的難しい言語ではありますが、習得は決して不可能ではありません。本書をきっかけにラテン語を学ぶ人が増えることになれば、私にとって大きな喜びです。

著者略歴

ヤマザキマリ（やまざき・まり）

漫画家・随筆家。東京造形大学客員教授。日本女子大学特別招聘教授。1967年東京都生まれ。84年にイタリアに渡り、フィレンツェの国立アカデミア美術学院で美術史・油絵を専攻。2010年『テルマエ・ロマエ』で第3回マンガ大賞、第14回手塚治虫文化賞短編賞を受賞。15年度芸術選奨文部科学大臣新人賞受賞。17年イタリア共和国星勲章コメンダトーレ綬章。24年『プリニウス』(とり・みきと共作)で第28回手塚治虫文化賞マンガ大賞受賞。現在、少年ジャンプ+で『続テルマエ・ロマエ』を連載中。

ラテン語さん（らてんごさん）

ラテン語研究者。1992年栃木県生まれ。東京外国語大学外国語学部欧米第一課程英語専攻卒業。ラテン語・古典ギリシャ語の私塾である東京古典学舎の研究員。高校生でラテン語の学習を始め、2016年からX(旧Twitter)にてラテン語の魅力を毎日発信するほか、広告やゲーム、アニメ等でラテン語の作成・翻訳・監修にあたる。初著書『世界はラテン語でできている』が話題となった。研究社のWEBマガジンLinguaにて隔月連載中。

JASRAC　出2409720-401

SB新書　681

座《ざ》右《ゆう》のラテン語《ご》

人生《じんせい》に効《き》く珠玉《しゅぎょく》の名句《めいく》65

2025年1月15日　初版第1刷発行

著　者　ヤマザキマリ、ラテン語《ご》さん
発行者　出井貴完
発行所　SBクリエイティブ株式会社
〒105-0001　東京都港区虎ノ門2-2-1
装　丁　杉山健太郎
装　画　ヤマザキマリ
本文デザインDTP　クニメディア株式会社
校　正　有限会社あかえんぴつ、ラテン語さん
編　集　北 堅太
印刷・製本　中央精版印刷株式会社

本書をお読みになったご意見・ご感想を下記URL、
または左記QRコードよりお寄せください。
https://isbn2.sbcr.jp/28017/

落丁本、乱丁本は小社営業部にてお取り替えいたします。定価はカバーに記載されております。
本書の内容に関するご質問等は、小社学芸書籍編集部まで必ず書面にて
ご連絡いただきますようお願いいたします。

ISBN　978-4-8156-2801-7